REAL KIMONO COORDINATES 100

大人きもの
おしゃれ事典

oteshio
上野淳美

WAVE出版

大人になるほど似合う
着物は最強の「おしゃれ武器」です！

INTRODUCTION

「ここぞ」のおしゃれは、着物に託そう——。そう思い至るまでの30代後半、わたしは少しおしゃれに迷っていたと思います。当時はアパレルメーカーに勤め、洋服にお金も時間もかけておしゃれに磨きをかけてきたのに、気づけば好きな服は流行に流され、年齢の壁にぶつかって……。これから何を着たら素敵になれる？　考えあぐねていたある日、目に留まったのが着物姿の素敵な50代の女性でした。センスの良さ、なによりその人らしさがにじんだ装いのカッコいいこと！「特別感のある大人の女性」の雰囲気は、まわりの若い女性たちが色あせるほど。着物は最強の「おしゃれ武器」になる！そう確信して、喜びで胸がいっぱいでした。

「oteshio」という店を立ち上げて14年。自分と同じように、着物という新しいおしゃれの扉を開こうとする人たちのお手伝いをしてきました。わたしが提案する着物スタイルに、○○流といった型はありません。華やぎを添える人、静を好む人、一人一人、着る人の魅力が、最大限に引き出せるようなコーディネートを心がけてきました。

今回この本に掲載されている、着物や帯はoteshio発でこれまでお客さまに提案してきたアイテムであり、じつは着る人もできるだけ着物の持ち主にお願いしています。つまり、リアルなモデルで、リアルなコーディネートばかり。背の高い人、小柄な人、年齢もタイプもさまざま。たくさんの女性たちとのやりとりのなかで、ゆきついた着物選びとコーディネート術を、本書でお伝えすることで、「これから着物を自分らしく着たい人」「少し自信のない装いに励ましが欲しい人」のそばで手助けできる、「おしゃれ事典」のような存在になれたらと思って作った本です。

大人になってからの着物のおしゃれは、人生と深くシンクロするから味わいが深いのです。結婚して家族ができて、環境が変わり体形が変わって……。そんなときおしゃれ心を再びときめかせ、考え方まで柔軟になっていくお客さまの姿をそばで見てきて、着物のおしゃれパワーってすごい！ とわたし自身も力を授かってきました。もっと輝きたいと願っている女性たちが、人生の節々で着物という「おしゃれ武器」を最大限に使いこなすために、この本がお役に立てればこれほどうれしいことはありません。

着物パーソナルスタイリスト
「oteshio」主宰
上野淳美

CONTENTS
もくじ

INTRODUCTION

大人になるほど似合う ……………………… 002
着物は最強の「おしゃれ武器」です！

「大人きもの」を楽しむ大前提として ……………………… 006

CHAPTER 1 コーディネート センスアップ

01 スタンダードセレクト ……………………… 012
STANDARD SELECT

02 よそゆきコーデ ……………………… 020
DRESS UP COORDINATE

03 柄×柄コーデ ……………………… 040
PATTERN COORDINATE

04 大人の半幅帯コーデ ……………………… 052
HANHABA-OBI COORDINATE

05 おしゃれアウター ……………………… 062
OUTER COORDINATE

06 夏着物コーデ ……………………… 074
SUMMER KIMONO COORDINATE

07 世代コーデ ……………………… 086
AGELESS COORDINATE

08 帯揚げ＆帯締 配色コーデ ……………………… 096
OBIAGE & OBIJIME COLOR COORDINATE

09 履物セレクト ……………………… 106
FOOTWEAR SELECT

10 小物コーデ ……………………… 116
ACCESSORIES COORDINATE

CHAPTER 2　着こなし スタイルアップ

着こなしヒント 30 …………………………………… 130

着つけレッスン ……………………………………… 142

01　長襦袢を着る ………………………………… 144

02　着物を着る …………………………………… 146

03　名古屋帯を結ぶ ……………………………… 148

04　袋帯を結ぶ …………………………………… 152

05　銀座結び ……………………………………… 154

06　半幅帯結び …………………………………… 156

コラム　oteshio's basic

Part 1　「染め」「織り」の違いって？ ……………… 018
Part 2　2つのフォーマル軸を使い分け ………… 038
Part 3　大人好みの和の文様 ……………………… 050
Part 4　帯まわりのあれこれ ……………………… 060
Part 5　アウターの隠れおしゃれ ………………… 072
Part 6　体に心地いい襦袢 ………………………… 084
Part 7　大人センスで活かす古着 ………………… 094
Part 8　頼りになるカラーコーデ ………………… 104
Part 9　きれいな着姿は履物選びから …………… 114
Part 10　半衿のおしゃれ …………………………… 126

お出かけシーン別 索引 ………………………………… 158
☆ カバー裏 …… 着つけの流れ

「大人きもの」を楽しむ大前提として

1

質の悪い10枚より
質のいい1枚

結局着るときに選ぶのは、体と気持ちが落ち着くもの。
おしゃれの栄養は、ものをたくさん所有することでは得られません。
着物ビギナーの頃は、とくに数が欲しくなってしまうものですが
一気に揃えることはせず、ゆっくり自分のペースで選びましょう。
「安いから」「あったら便利」くらいなら「無くても平気なもの」です。
価格ではなく、自分の"本当の気持ち"を大切に選び取って。

2

エレガントであるために
清潔感を大切に

若く見えることを狙った「カワイイ」ではなく
年齢に寄り添った「エレガント」なスタイルを目指します。
「品良く見える」ことをおしゃれの重要キーワードに
とくに衿まわりの清潔感を大切に、メイクや髪型も少し丁寧さを。
10年後の自分を「イイ感じ」と思えるように、装いを磨きましょう。

3

着物軸ではなく
自分軸で装う

着ているとウキウキして、自信が持てて、幸せな気分になれるもの。
着物も洋服も、それが「おしゃれ」のベースであるべきです。
自分好みの色柄、素材感をコーディネートの一番にして、
もし好みの着物が洋服感覚のセレクトでも、何ら問題ありません。
着物らしく無難にまとめた「着物軸」を優先して装って、
自分の心にしっくりこない着物を選んでも、きっと長続きしません。

4

サイジングが合ってこその
おしゃれ

どんなに上質の着物でも、どんなに美しい人でも
サイズの合っていない着物を着ていたら素敵に見えません。
とくに長襦袢が合っていないと、着くずれしやすいので注意して。
ダボダボの下着の上に、体にぴたっとしたワンピースを重ね着して
シルエットを美しくしようとしてもムリがあるのと同じことです。
まずマイサイズの長襦袢で、きれいなベースを整えましょう。

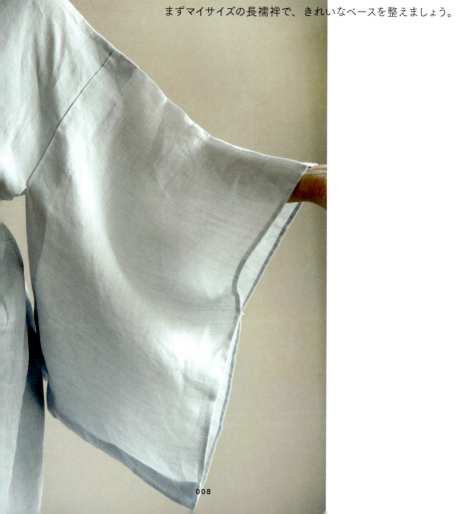

5

ルールは柔軟に、
自分のおしゃれ経験値を役立てて

着物の伝統ルールはどこまで守ればいい? の答えはこんなふう。
「お茶席や格式ある結婚式などドレスコードのあるとき以外、
洋服で培ってきた自分のおしゃれ感覚や経験値で決めています」
TPOに迷ったら「洋服なら何を着る?」と考えるのも一案。
決まりごとは一つの参考にしつつ、自分軸でセレクトして、
今らしい、身の丈に合ったルールを再構築しましょう。

6

「着てときめく」を
おしゃれ財産にする

着たときの「ときめく」高揚感が、着物は特別なもの。
好きな着物を手に入れても、タンスにしまったままでは
おしゃれの持ち腐れ。心がルンともしない着物なら
おしゃれをする意味がない! ということです。
着つけは誰かに手伝ってもらってもいいのです。
着るほどにおしゃれ貯金ができる着物は、着たもの勝ちです。

CHAPTER 1

コーディネート センスアップ

01

スタンダードセレクト

STANDARD
SELECT

　大人の着物選びで、まず考えるべきは、自分のおしゃれのベースになる「スタンダード」を揃えること。コーディネートの基本にできるアイテムを持たずして、すすめられるままに買ってしまった結果、1点でみれば素敵だけど、個性が強くて着まわしづらいアイテムが多くなったり、自分がどういう雰囲気で着こなしたいかもわからなくなってしまう人も……。「それではどんな着物や帯を揃えていったら、最短でおしゃれを磨けるの?」という声に応えて選び抜いたのが、ここでご紹介するoteshio好みの「スタンダードセレクト」です。
　スタンダードでも、一番活用度の高い、ややフォーマルからややカジュアルまで使える「よそゆき」アイテムの着物と帯を厳選。①質がよく長く着続けられるもの②着こなしの幅の広さ、この2つが大きなセレクトポイントです。

無地ライクな染めの着物

江戸小紋 | 01-1

無地に見えるくらい細かい柄を一色染めされた着物は、もともと武士の裃に用いられていただけに、大人のきちんとした場に強い。とくに柄が細かいほど、よりフォーマルに着こなせる。ここで選んだ極細の縞の「毛万筋（けまんすじ）」などは格の高い定番柄のもので、グレーや茶、薄紫などのシックな色を1枚持っていると、ハレの装いに加え、いざというときの喪服にも使えて心強い。

a：グレー 毛万筋 江戸小紋
b：濃茶 変わり七宝 江戸小紋

色無地 | 01-2

色無地は、江戸小紋と同じセミフォーマルアイテムだが、こちらはエレガントな印象になる、きれいめの色合いがおすすめ。とくに地紋入りのものを選ぶと、品良く華やぐ装いに。背紋を入れておくと格が上がり、結婚式などから観劇、お茶席など、帯次第で着ていくシーンが広がり、安心の一枚になる。

c：菜の花色 角通（かくとお）し地紋入り 色無地
d：鉄色 七宝つなぎ地紋入り 色無地

ツヤ感ある織りの着物

お召　| 01-3

お召は、装いシーンからいうと、フォーマルラインの染めの着物とカジュアルラインの紬の中間。格のある帯を締めてややフォーマルに、染め帯を締めてカジュアルな街着に、帯次第でいろんなシーンに使え、ある意味一番着まわし力があるアイテム。かしこまらずに着られて、さりげなくおしゃれに見えるところも魅力。

紬　| 01-4

クラフト感のある紬は、おしゃれ着の大定番。基本としては正式な礼装の場には合わないが、最近は用途や場の雰囲気によっては着るシーンも広がっている。紬といっても産地などによって多種多彩。よそゆき着とするなら質の確かな、無地ベースがおすすめ。年齢を重ねて多少好みが変わっても帯で変化をつけ、長く着続けることができる。

e：薄ピンク 風通（ふうつう）お召
f：ベージュ 江戸小紋・角通し 後染め お召

g：ベージュ 博多織文様 紬
h：濃紺 藍染め無地 大島紬

フォーマル系 よそゆき帯

金銀少なめ袋帯 | 01-5

フォーマルにも時代性があり、金糸銀糸や金箔たっぷりで帯全体がキラキラした母世代の袋帯は、フォーマル以外には締めづらいもの。セミフォーマルまでの活用を考えるなら、金糸銀糸の少ない袋帯、吉祥柄の唐織や金銀色で彩りのある袋帯がおすすめ。現代のフォーマル感覚にあった、格のあるシンプルなデザインを選びたい。

i：薄ピンク 花文様 西陣織 袋帯
j：花鳥鳳凰 唐織 袋帯
k：梅紋の銀刺繍 袋帯

金銀入り名古屋帯 | 01-6

ちょっとしたハレ感を醸し出す名古屋帯は、結婚式以外にも賢く使えておすすめ。金糸銀糸ではないが「金色っぽい」「銀色っぽい」彩りがほどこされた華やかなデザインの名古屋帯は、袋帯とほぼ同じに使える場が増えている。またヴィンテージなどで金糸銀糸が品良くあしらわれたり吉祥柄が描かれた名古屋帯を見つけたらもうけもの。

l：金彩ツタ文様 名古屋帯
m：手描き吉祥柄 銀刺繍入り 名古屋帯（熊谷好博子）

カジュアル系 染めの帯

江戸小紋・紅型の帯 | 01-7

全体に柄がある全通柄の帯は、帯結びがラクなので、着つけ初心者や帯結びが苦手な人におすすめ。お太鼓や前帯だけに模様があるワンポイント柄の帯は、なるべく柄の配置が広く、柄が大きめに描かれたものが締めやすい。江戸小紋や紅型は、とくに現代作家ものは、華やかな色柄でも余白や配色に今日的なセンスがあると、着こなしやすい。

異国系の帯 | 01-8

江戸の頃からアジア圏の布地の帯は定番もの。いまどきのカンタ（インドの刺し子）やオールドバティック（ジャワ更紗）なども素敵で、文様の季節感が曖昧なので、時期を限定せず使いやすい。ただバティックでもお土産品の布地は帯向きではない。染めの着物に締めてもバランスが合う、質のよい手仕事の布地から仕立てた帯を選んで。

n：雪花文様 江戸小紋 名古屋帯（岩下江美佳）
o：小花柄 紅型 名古屋帯（宜保聡）

p：オールドバティック 名古屋帯（oteshio）
q：カンタ 名古屋帯

シンプル系 織りの帯

吉野間道の帯 | 01-9

現代的なセンスを感じる格子や縞を織り出した「間道」は、江戸時代の粋人たちに愛されてきた格のあるもの。格子や縞は洋服感覚でコーディネートが楽しめ、フォーマルからカジュアルまで、守備範囲の広さはバツグン。色無地や江戸小紋に締めればお茶会にも出られる装いに。お召や紬に締めると、さりげなく着物を格上げしてくれる。

r：朱×緑×薄茶 吉野間道 名古屋帯
s：白×紺×グレー×黄 吉野間道 名古屋帯

博多織の帯 | 01-10

生地に厚みとハリがある博多織の帯は、なにより締めやすさが魅力で、着物好きなら1本は持っている大定番。信頼の厚い伝統の帯は、江戸小紋などの染めの着物をカジュアルダウンしたいとき、紬などにきちんと感をプラスしたいときに活躍。独鈷文様の伝統柄から個性的な柄まで、グラフィカルな柄は全体がまとまりやすい。

t：茶×ベージュ×モスグリーン 毘沙門亀甲（びしゃもんきっこう）博多織 名古屋帯
u：朱色 博多献上 手織り 名古屋帯

oteshio's basic
- Part 1 -

ネコだって
知っておきたい

「染め」「織り」の違いって？

着物のうんちくはあまり堅く考えなくても良いのですが、わかっていると役立つのが、アイテム別で使う「染め」「織り」。この2種では格式や装いシーンが違ってくるので、その違いさえ覚えておくと、「きちんと感」のある大人のコーディネートに役立ちます。

● 染めの着物、織りの着物　それぞれの技法の特徴や着ていく場所を知ると、
フォーマルとカジュアルのガイドラインがわかりやすくなります。

	特徴	着こなし
染めの着物	・すでに織り上がっている白生地に、後から色柄を染め上げたもので、「後染めの着物」とも呼ばれる。 ・後染めの代表的な技法として、糊で複雑な色分けをする友禅染め、型紙を使う江戸小紋や紅型、更紗、刷毛で染める無地染めなど。 ・はんなりと体に寄り添う着心地から「やわらかもの」ともいわれる。	・一般には織りの着物よりも格が高いとされ、主にはおよばれ着、フォーマル着として着る。 ・代表的なアイテムには、留袖、訪問着、付け下げ、色無地、江戸小紋など。 ・結婚式、入学式・卒業式、お茶会、観劇、パーティーなどに着用。
織りの着物	・先に糸を染めておいてから織り上げたもので、「先染めの着物」とも呼ばれる。 ・縞や絣、格子の柄は、あらかじめ色柄に合わせて違う糸を染めておき、タテ糸とヨコ糸の組み合わせで生地に仕上げる。 ・真綿やくず繭から紡いだ糸で織られた紬や、他にしぼのあるお召、普段着の木綿、ウール、夏用の麻など。さまざまな自然素材を使い、日本各地に伝統的な織物がある。	・暮らしの場に近いおしゃれ着として、主には街着、カジュアル着として着る。 ・代表的なアイテムとしては、大島紬や結城紬、黄八丈、沖縄の織物など。 ・落語会、コンサート、食事会、お茶などの習いごとに着用。

● 染めの帯、織りの帯

着物と逆で、一般に帯は織りの帯がフォーマル系、染めの帯がカジュアル系とされています。帯の種類については、コラム④（P60）を参考にして。

Point

・昔ながらの「染めの着物に、織りの帯」「織りの着物に、染めの帯」というコーディネートの定説は、格を合わせる意味がある。
・今らしいおしゃれ帯コーデとしては、染めの江戸小紋や色無地に、染めの更紗の帯を締めて観劇に行ったり、織りの大島紬にやや格のある織りの帯を締めてパーティー着にしても。

● 染めの着物・柄づけの格式

染めの着物のなかでは、柄づけで格式が違ってきます。
主なアイテムを格式のある順に並べました。

1	留袖	上半身は無地で、裾に模様がある。 縫い目で模様がつながる「絵羽模様」になっている。
2	訪問着	裾だけでなく衿、胸、肩にも模様がある。 留袖と同じく、縫い目で模様がつながる「絵羽模様」。
3	付け下げ	訪問着を簡略化したものとして考案。 柄が前後ともに上向きになっている。
4	江戸小紋	遠目には無地に見えるほどごく細かい柄の1色の型染め。 柄によっては付け下げより格が高いものも。
4	色無地	1色の無地染めで、地紋入り生地に染めたものもあり。 紋をつけると格式の高い装いになる。
5	小紋	上下の向きなく全体に柄が配された型染め。 プリントのワンピースのような感じ。

● 染め・織りのプロセス（絹の生地）

お蚕さんの糸が着物になるまでの基本の流れを知ると、
「後染め」と「先染め」の意味がわかってきます。

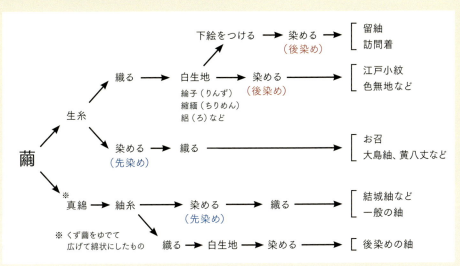

02

よそゆきコーデ

DRESS UP
COORDINATE

　スタンダードアイテムは着まわし力が魅力。「着物1枚に帯3本」とは、昔から言い続けられていることですが、今も間違いないことです。シンプルな着物ほど、帯を変えてみると着姿の印象がぐっと変わります。ここでは、「01 スタンダードセレクト」（P12〜17）で選んだアイテムをベースに、着まわしコーディネートを展開してみました。
　定番の着物を軸に、お出かけシーンに合わせて帯をチョイス。よそゆきのTPOは、今らしさを意識した上で、染めの着物をカジュアルダウンしたり、織りの着物でフォーマル感を演出してみたり。いろんなバリエーションのおしゃれを、品良く楽しむ着まわし術をご紹介します。

CHAPTER 1

お出かけ先のシチュエーションに合った素材、季節感、空間との色バランスが大切。

02 DRESS UP COORDINATE　　EDO KOMON

江戸小紋コーディネート

無地に見えるほど細かい模様が染められた江戸小紋の着物は、
フォーマルからカジュアルまで「一生」つきあえるアイテム。
シンプルゆえに締める帯が引き立ち、スタンダードだけど
スタイリッシュなコーディネートを楽しめます。

SEMIFORMAL | 02-1

シンプル着物に
金銀の彩りをちょっぴり

江戸小紋は裾へと段々と柄が大きくなる「変わり七宝」。手ワザを凝らした格調ある柄に、金のツタ文様の名古屋帯と、銀の彩りのある半衿でぴっと華やかさを添える。シンプルながらエレガントな装いは、入学・卒業などの式典やパーティーに向いている。

濃茶 変わり七宝 江戸小紋
ツタ文様 名古屋帯
深紫 絞り 帯揚げ／象牙色 帯締め

CHAPTER 1

FORMAL | 02-2

辛口の江戸小紋に
ふんわり甘口の袋帯

グレーの江戸小紋に、あえて薄ピンクのフェミニンな袋帯を合わせることで、大人の愛らしさが引き立つ礼装に。全体の色調は淡く、帯締めは帯と同系色で抑えると品良くまとまる。礼装での食事会やお茶会の装いにも。

グレー 毛万筋 江戸小紋
花文様 西陣織 袋帯
青磁鼠色 帯揚げ
紅藤色 帯締め

| SEMIFORMAL-CASUAL | 02-3 | CASUAL | 02-4 |

紅型の染め帯で愛らしく

伝統柄の博多帯できちんと

江戸小紋を染めの帯でカジュアルダウンした組み合わせ。カラフルな紅型は、江戸小紋と同じく伝統の型染めであり、好相性のアイテム。帯締め帯揚げの色選びで、季節や個性を演出して。

古典柄の江戸小紋に、昔ながらの博多織の帯で、凛とした装いに。手織りの名古屋帯は、カジュアルななかにも、きちんと感が出る街着に。歓送迎会や観劇などに便利なひと揃え。

グレー 毛万筋 江戸小紋
小花柄 紅型 名古屋帯
牡丹色 帯揚げ
空色 帯締め

グレー 毛万筋 江戸小紋
博多献上 手織り 名古屋帯
黒鳶（くろとび）色 帯揚げ
濃茶 帯締め

| SEMIFORMAL | 02-5 |

江戸小紋の染め帯で清楚に

こっくりした色の江戸小紋の着物に、同じく江戸小紋の技法で染めた雪結晶のような花文様の帯で清々しく。重さを感じさせる江戸小紋には、晴れやかな表情の染めの帯を合わせてバランスを取って。

濃茶 変わり七宝 江戸小紋
雪花文様 江戸小紋 名古屋帯
鳩羽（はとば）色 帯揚げ
灰色×白 帯締め

CHAPTER 1

＋おしゃれ
MEMO
①

◎ 江戸小紋の柄選び

一般には柄が細かいほど格が上。新古の柄が数万とあるが、フォーマルに使いたい場合は「江戸小紋三役」といわれる「鮫」「角通し」「行儀」に、「大小あられ」や「毛万筋」などの古典柄がおすすめ。

◎ 背紋をつけて

格のある柄の江戸小紋、そして色無地の着物を、冠婚葬祭にも使いたい場合は、背に紋を1つ入れておきたい。
正式には「染め紋」だが、あえて刺繍の「縫い紋」にすると、普段にも着やすくなる。

02 DRESS UP COORDINATE　　IRO-MUJI

色無地コーディネート

1色染めの色無地は、帯によってフォーマル度が決まるアイテムです。
着ていく空間や季節によって色使いを変えると、
ひときわ映える着こなしに。

| SEMIFORMAL | 02-6 |

きれい色が際立つ
黒帯を合わせて

色無地の菜の花色を主役カラーに、帯まわりは黒など無彩色に抑えて。昔ながらの吉祥モチーフであるコウモリが描かれた名古屋帯を取り合わせることで趣味性が強まり、演奏会や歌舞伎などの観劇になじむ装いに。

菜の花色 角通し地紋入り 色無地
手描き吉祥柄 銀刺繍入り 名古屋帯
紫 帯揚げ／銀×黒 帯締め

CHAPTER 1

02 DRESS UP COORDINATE   IRO-MUJI

CHAPTER 1

| SEMIFORMAL | 02-7 |

濃い色無地は
白帯のヌケ感で爽やかに

ドレッシーな色無地に、爽やかな色柄の染めの名古屋帯を締め、エレガントなおしゃれを気負わずに着こなせるコーディネートに。履物とバッグなどの小物をフォーマルなテイストにすると、ちょっとしたパーティーや観劇にもぴったり。

鉄色 七宝つなぎ地紋入り 色無地
雪花文様 江戸小紋 名古屋帯
青白つるばみ色 帯揚げ
花緑青×青つるばみ色 帯締め

02 DRESS UP COORDINATE　　　IRO-MUJI

FORMAL | 02-8

帯が映える
エレガントフォーマル

鉄色の色無地に唐織の袋帯を合わせ、気負いのないフォーマルに。格調の高い唐織は金銀彩がなくても礼装に使える。帯締め帯揚げに白や金糸銀糸を配すれば、結婚式のお招きコーディネートにも。

鉄色 七宝つなぎ地紋入り 色無地
花鳥鳳凰 唐織 袋帯
似せ紫色 帯揚げ ／ 橙色 帯締め

FORMAL | 02-9

黄系×黒系で
シンプルにおめかし

色無地に銀刺繍をほどこした梅紋の袋帯を合わせ、フォーマルを上品シンプルに。帯揚げ帯締めも白に金糸が入っているものを配し、茶席や結婚式などの場に着ていくことができる組み合わせ。

菜の花色 角通し地紋入り 色無地
鉄紺色 梅紋の銀刺繍 袋帯
白藤色 帯揚げ ／ 白藍×金 帯締め

CHAPTER 1

+おしゃれ
MEMO
②

SEMIFORMAL-CASUAL | 02-10

洋装にもなじむ
柄と素材で

色無地と吉野格子の織り帯のコーデは、ややカジュアルにも着こなせる。格子の親しめる柄だけど格も品もある吉野間道は、色無地とのバランスも合って、なにかと重宝する帯。

菜の花色 角通し地紋入り 色無地
白×紺×グレー×黄 吉野間道 名古屋帯
薄縹(うすはなだ)×白鼠 帯揚げ ／ 濃藍 帯締め

◎ 地紋入り色無地

色無地を誂えるときは、地紋入り生地がおすすめ。1色の染め色だけではペタリと単調な印象になりがちだけど、地紋が入っていると表情に奥行きが生まれる。光によって華やかな柄が浮き上がり、エレガントなリッチ感が出てくる。

柄選びはおめでたい柄の菊や竹、吉兆文様など多種あり、お好みで。昔なら細かい模様のほうがフォーマル向きともいわれたが、現代は着る人もサイズアップしているので、大ぶりな柄もなんなく着こなせる。

02 DRESS UP COORDINATE — OMESHI

お召コーディネート

織り物のなかでは、江戸時代からずっと「よそゆき着」アイテム。
シャリ感のある生地は肌触りがやさしく、染めの着物のような着心地。
染めの着物っぽくセミフォーマルに、織りの着物らしくカジュアルに、
着こなし幅の広さを楽しんで。

FORMAL-SEMIFORMAL | 02-11

お召しに格上の袋帯で
よそゆき度アップ

やさしいピンクのお召に、華やかな存在感を放つ織りの帯を合わせて。白い丸組みのフォーマル度の高い帯締めを合わせれば（P38）、レストランウェディングなどややカジュアルな結婚式の装いに。

薄ピンク お召
花鳥鳳凰 唐織 袋帯
赤朽葉（あかくちば）色 帯揚げ
紅掛（べにかけ）空色 帯締め

CHAPTER 1

| SEMIFORMAL | 02-12 |

個性派の帯で
シンプルコーデ

ベージュのお召に、黒系の名古屋帯を合わせたモノトーンコーデ。全体に色目を少なく、帯締め帯揚げも着物や帯になじむ配色で。引き算コーデで、会食や観劇に。

ベージュ お召
手描き吉祥柄 銀刺繍入り 名古屋帯
赤墨 帯揚げ
鈍色（にびいろ）帯締め

| CASUAL | 02-13 |

大人色で
スタイリッシュに

ベージュのお召に、グラフィカルな織り柄の名古屋帯を淡いトーンでまとめて。美術館などのカルチャーシーンにもなじみ、着映えのするシックなコーディネート。

ベージュ お召
毘沙門亀甲 博多織 名古屋帯
憲法黒茶 帯揚げ
木賊（とくさ）色 帯締め

02 DRESS UP COORDINATE　　TSUMUGI

紬コーディネート

基本として、紬はカジュアルな街着アイテムですが、
最近は光沢のある紬をフォーマルっぽく着こなす人も増えてきました。
きちんと感のある伝統柄の帯や華やかさのある名古屋帯、
手仕事の帯などを合わせて。

CASUAL　　|　02-14

よそゆき紬に間道の帯で
安心コーデ

ナチュラルカラーの紬は博多織の技法で織られ、光沢のある質感から「よそゆき紬」という位置づけ。格子柄の吉野間道の帯はかわいさもあり、きちんとできる装いに。安心の帯を締めると、紬のやさしさをより実感できる。

ベージュ 博多織 紬
吉野間道 名古屋帯
黄緑 帯揚げ
濃藍 帯締め

CHAPTER 1

CASUAL | 02-15

かわいい花柄を主役に
濃紺の紬のメリハリコーデ

シブい大島紬は男物から仕立てたもの。このマニッシュな着物に、キュートな紅型の名古屋帯を締めて。カジュアルな装いだから、帯締めに自分らしいひねった色を1点投入すると、おしゃれがぐっと楽しくなってくる。

濃紺 藍染め無地 大島紬
小花柄 紅型 名古屋帯
瑠璃紺(るりこん)色 帯揚げ
つつじ色 帯締め

02 DRESS UP COORDINATE　　TSUMUGI

| CASUAL | 02-16 |

やさしい色の
エスニックコーデ

無地の紬とバティックの帯は、最強の組み合わせ。一見難しそうなアジアの帯だが、エキゾチックな色彩が紬のほっこり感でほどよく引き算され、ひと味違うムードをさらりと演出。

| CASUAL | 02-17 |

品良く色をつないで
マニッシュに

着物も帯もオール博多織のコーデは正統派でかっこいい組み合わせで、目上の人にも好印象。気負いなく紬によそゆき感をプラスするポイントは、帯と着物の色をつなげるツートンカラーの帯締め。

ベージュ 博多織 紬
オールドバティック 名古屋帯
丹(に)色 帯揚げ ／ 黒紅 帯締め

ベージュ 博多織 紬
博多献上手織り 名古屋帯
臙脂(えんじ) 帯揚げ ／ 臙脂×桜鼠 帯締め

CHAPTER 1

| CASUAL | 02-18 | SEMIFORMAL - CASUAL | 02-19 |

手仕事のぬくもりを
おしゃれに

大島紬にカンタの帯を主役に。シックな濃紺の紬だからこそ、一針一針手縫いされた布の豊かな表情が引き立つ。着物も帯も天然の染め色という点でも色合いが自然となじむ。

ツヤあり紬を
金彩の帯で華やかに

織りの大島紬に、華やぎ感のある織りの名古屋帯の取り合わせ。紬はどんなに高級でもカジュアルアイテムではあるが、少しドレスアップしたいとき、金銀っぽい彩りのある帯が重宝する。

濃紺 藍染め無地 大島紬
カンタ 名古屋帯
鉄紺色 帯揚げ／金赤色 帯締め

濃紺 藍染め無地 大島紬
金彩ツタ文様 名古屋帯
鶸(ひわ)色 帯揚げ／桑染色 帯締め

oteshio's basic
- Part 2 -

ネコだって
知っておきたい

2つのフォーマル軸を使い分け

洋服のフォーマルがカジュアル化してきている今、昔ながらの着物のフォーマル・ルールで装うと大げさ過ぎる場合も。そこで、フォーマル軸を2つに分けて考えてみます。この本で主軸にしている洋服感覚の「リアル・フォーマル軸」と、伝統的な礼装の「スペシャル・フォーマル軸」。どちらの軸でコーディネートを考えるかは、個々のフォーマル感覚、ドレスコードの軽重によって着分けを考えてください。

◉ フォーマル軸の分け方

フォーマルの考え方はとてもパーソナルなもの。コーディネートを相談された際、oteshioのチェック事項は以下の4つです。
① およばれのテーマ … 結婚披露宴? 公の祝事?
② 空間（シチュエーション）… ホテル? 屋外?
③ 同席する人 … 目上? 友人?
④ 着用時期 … 季節は? 昼か夜か?
こんなふうに条件をふまえていくと、フォーマル軸や着るアイテムが絞り込みやすくなります。

[リアル・フォーマル軸]

およばれや七五三などの式典でも洋服感覚で自分らしくドレスアップできる、今らしい礼装。伝統的なルールでいう略礼装である、江戸小紋や色無地などをスタメンアイテムとしてコーディネートを考えます。

Point

- oteshioのおすすめは、本書の「02 よそゆきコーデ」（P20～37）のコーディネート。
- フォーマルには着物より格上の帯を締めると着映えする。
- 金銀彩りのある袋帯、帯揚げ帯締めなどに礼装の小物を合わせると、フォーマル感がアップ。

パーティーバッグ
黒ビーズのパーティーバッグ。洋服にも共有できる華やかなデザインがおすすめ。

白い帯締め
装いの要は帯まわり。袋帯に帯締めに白を選ぶと、きちんと感が出る。

[スペシャル・フォーマル軸]

およばれや式典のなかでも、招いてくれた相手へ礼を尽くしたい礼装、格式の高い空間でのセレモニーに着用する社交着。伝統的なルールでいう第1礼装である留袖、訪問着などでコーディネートを考えます。

Point

- 着物と帯はバランスが大事。着物の模様になじむ帯柄を選ぶと着映えする。伊達衿は好みで省いていい。
- 同席者にイブニングドレスやタキシードを着る人がいる、華やかなパーティーに向いている。
- 留袖、訪問着など人生に数度しか着用しない特別なフォーマル着物は高価なので、レンタルしたり古着で探す手もあり。ただしサイズの合わない着物はNG。
- 小物の色合わせは同系色か白など淡い色にして、配色は色数を少なく単純に。個性を強調せず、エレガントなコーディネートを心がけて。

礼装の帯揚げ帯締め

絞りや白地の帯揚げ、金銀入りの帯締めは、礼装アイテムとして1つ持っていると安心。

留袖コーデひと揃い

露草色の美しい留袖には大名行列を描いた銀彩の絵柄に重厚な袋帯を合わせ、イブニングドレスの雰囲気で装う。インターナショナルなパーティーにも合いそう。

03

柄×柄コーデ

PATTERN
COORDINATE

　着物ならではの醍醐味といえば、柄オン柄の着こなし。なにしろ縞、格子、花柄、吉祥柄、幾何学文様などなど、魅力のある和の文様がたくさん。ですが普段の洋服で無地の着こなしに慣れた身には、全身にまとう着物と帯に、帯締め帯揚げの小物を含めて、色柄をどうまとめてよいのやら、と難しく思われている人も多いようです。
　いわゆる大正ロマンのようなレトロな装いとは一線を画し、今らしいセンスから離れることなく、大人の柄コーデを楽しむ一手とは？　迷える柄ビギナーへ、とっかかりとしておすすめしている攻略術が、柄を描くラインを視点にした「直線×直線コーデ」「直線×曲線コーデ」「曲線×曲線コーデ」。この3つのコーデの柄合わせの実例から、色合わせのポイントも含めて、着こなしのヒントをご紹介します。
　柄があっても品良く、かつ遊び心も味わえて。柄ものコーデが簡単に思えると、着物のおしゃれの幅がぐんと広くなるはずです。

CHAPTER 1

大人の柄コーデ 攻略術

直線×直線コーデ

縞×縞、格子×縞など、着物も帯も直線柄どうしコーデ

琉球絣 紬
吉野格子 名古屋帯
萌黄色 帯揚げ
藍色 帯締め

直線×曲線コーデ

縞×更紗文様、格子×ポイント柄など、直線柄の着物に曲線柄の帯のコーデ

伊兵衛織 紬
カンタ 名古屋帯 (oteshio)
灰桜色 帯揚げ
アンティークボタンの帯留め
白茶色 三分紐 (oteshio)

曲線×曲線コーデ

幾何学柄、花柄、吉祥柄など、着物も帯も曲線柄どうしコーデ

長板中形染 紬
ムガシルク 名古屋帯 (oteshio)
砂色 帯揚げ
黒 帯締め

03 PATTERN COORDINATE

LINE × LINE

直線 × 直線コーデ

縞、格子の着物と帯どうしを合わせるポイントは、2つの柄に大小のメリハリをつけること。柄の比率を1:1にしてしまうと、ごちゃついた印象に。着物が小さめ柄なら帯は大きめ柄と、バランスをとって。

| 格子×格子 | 03-1 |

古風な格子縞に
モダンな格子帯

濃淡のよろけた線で描かれた古風な格子の着物に、あえて洋のドレス生地で仕立てた格子の帯を合わせ、クラシックモダンな装いに。帯の紫に反対色の帯締めで彩りを。

ベージュ×赤茶 変わり格子 小紋
橙・薄緑×紫 ドイツシルク 名古屋帯
葡萄色 帯揚げ
山吹色 帯締め

| 格子×縞 | 03-2 |

夏こそシックトーンで
クールに

洋服でも着物でも、縞格子のモノトーンまとめは失敗知らず。とくに夏着物のシックトーンは、カッコいい。大小のきっちりした格子の着物に黒帯の縞。縞も絣が入るとやわらかな印象。

ベージュ×茶 吉野格子 夏の薄物
黒×白 麻絣 名古屋帯
千歳色×常磐緑 帯揚げ (oteshio)
羽根の帯留め (きねや) 白×黒 三分紐

格子×格子　　　03-3

キャラの濃い市松どうしは
配色の妙でキュートに

着物も帯も、市松柄どうしの組み合わせもくどくならない。その理由は柄の分量差で、色や大きさの強弱が出て変化がつくから。小物も含めて青紫、茶、白でまとめ、色が揃うと統一感が出る。

藍×白 市松 紬
赤紫×青紫 市松 漢方染め 袋帯
薄葡萄色×紫紺色 振り分け染め 帯揚げ
紫紺色 帯締め

03 PATTERN COORDINATE

LINE × LINE

縞×格子 | 03-4

アースカラーの配色で甘辛バランス

一見、手強そうなヨコ縞だけど暖色系と寒色系が入っているので、じつは帯色も合わせやすく、甘辛どちらも演出できる。このコーデでは着物の緑色とつなげて、粋になり過ぎず、大人かわいく。

柿渋色 ヨコ縞 真綿紬
うぐいす色 染め市松 名古屋帯
刈安色×常磐緑 帯揚げ（oteshio）
赤墨色 帯締め

CHAPTER 1

縞×縞 | 03-5

シブい太縞を細縞で若々しく

縞どうしの着物と帯は、縞の幅や間隔、色が違うものを合わせてリズム良く。逆に縞幅が全身同じになるとヌケがなく、息苦しい。シブい色の太縞の着物はきつい印象になりがちだが、フレッシュカラーの帯でやわらかく。

濃茶×グレー 縞 久米島紬
苗色「女」文字 紬 名古屋帯
海老色×深緑 帯揚げ (oteshio)
紺色 帯締め

03 PATTERN COORDINATE　LINE × CURVE

直線 × 曲線コーデ

直線の着物に曲線の帯の組み合わせは、目立たせる柄を意識した上でスタイリングして。
曲線柄の帯の場合は、帯に合う色柄の縞、格子の着物、小物をセレクト。
帯締めや半衿と帯の色をリンクさせると、ぐっとしゃれ感が出てきます。

| 格子×更紗文様 | 03-6 |

濃密柄の帯は
シンプル格子と

更紗文様の帯は大人の柄コーデと相性がよい柄。とくに格子や縞の着物に合わせると、無地の着物のときにはない表情が出て、柄×柄のおもしろさを味わえる。

| 縞×ポイント柄 | 03-7 |

帯の地色と着物を
同系色に

お太鼓の華やかな花柄を主役に。ポイントは色を盛り過ぎないことで、ここでは大きく緑系とオレンジの2色ですっきりメリハリ。大人世代が着こなすと、よりかわいさが引き立つ。

橙×黄色 格子 鳶八丈
藍×白 インドネシアの手染め 名古屋帯
朱色 帯揚げ（oteshio）
紺×橙×砂色 帯締め

若草色×黒・茶 縞 琉球絣
ペパーミント 花柄 塩瀬 名古屋帯
淡黄色×月白色 帯揚げ（oteshio）
アンティークボタンの帯留め（oteshio）／橙×深緑 三分紐

CHAPTER 1

縞×ランダム柄 | 03-8

グラデーションコーデに柄衿を効かせて

きれい色のオリエンタルな柄帯は、同じ色調の青系グレーの絣縞の着物で爽やかに。紅型の華やかな花柄の半衿がなじむのは、帯色の青とつながっているから。小物の遊び心で、帯の存在感がより際立つ。

グレー×白鼠 琉球絣／紅型 半衿（宜保聡）
ウズベキスタンシルク 名古屋帯
薄縹（うすはなだ）色 ぼかし染め 帯揚げ
青藍（せいらん）色 帯締め

03 PATTERN COORDINATE

CURVE × CURVE

曲線 × 曲線コーデ

曲線柄どうしの組み合わせは、配色とヌケ感がポイント。
ワントーンコーデのなかでも、シックな色でまとめると大人っぽい。
柄と柄が同じ大きさでなくランダムだったり、帯や着物の柄のどこかに
白、黒など無地スペースがあると、ヌケが出て軽やかに見えます。

| 和文様×ポイント柄 | 03-9 | 和文様×ランダム柄 | 03-10 |

華やぎ柄の帯には 吉祥文様にのせて

母世代の晴れ着によくある源氏車(げんじぐるま)の文様が描かれた小紋。半円を連ねた連続性のある着物柄には、ポイント柄の帯が映える。帯揚げも同系色で揃えると品が良い。

大波と小波をつないで 海をまとう

波の着物に波頭を描いた帯というストーリー性のあるコーデ。波柄と波柄、花柄と花柄と、同種モチーフで合わせるときは柄のサイズ差や柄の方向違いのものを選び、配色で変化を。

薄ピンク 源氏車 綸子 小紋
紅型 名古屋帯（宜保聡）
江戸切子の帯留め
鴇色×翡翠色 帯揚げ ／ つつじ色 三分紐 (oteshio)

茶 流水文様 小紋
藍×白 波柄 塩瀬 名古屋帯
黒茶 帯揚げ
黒×灰色 帯締め

CHAPTER 1

| モチーフ柄×和文様 | 03-11 |

キュートな飛び柄は
大柄な帯で魅せて

黒地にポルシェの車が描かれた柄小紋のチャーミングさを、モダンな幾何学柄の帯がバックアップ。黒×黒に帯揚げのピンクが入ると女性らしさが薫り立つ。

黒 飛び柄 小紋
黒×金銀 幾何学文様 綴(つづれ) 袋帯
薔薇色 帯揚げ／黒×銀 帯締め

oteshio's basic
- Part 3 -

ネコだって
知っておきたい

大人好みの和の文様

日本の文様には、洋のデザインにない洗練と趣があります。祝意を装いに込める吉祥柄、季節に関係なく着用できるモダンな幾何学柄など、oteshio好みの文様をピックアップ。文様の名称や意味をさらりと知っておくと、ストーリーのある柄コーデがいっそう楽しくなってきます。

● 吉祥系の柄

吉祥文様など昔から伝わってきた、縁起が良いとされる柄。
結婚式やお祝いの場などフォーマル系の装いに用いることが多いものです。

鳳凰（ほうおう）
幻の霊鳥・鳳凰は、龍と同じく古代から吉祥をもたらすとされてきた文様。

荒磯（あらいそ）
波間を豪快に泳ぐ鯉をあらわした吉祥文様。帯地によく使われる。

帆船
大海原をゆく船は、順風満帆な人生を願う吉祥文様。門出を祝う装いに。

打出の小槌（こづち）
振るほどに良き物が手に入る、運気アップのモチーフ。「宝づくし」柄の一つ。

松竹梅
着物にかぎらず日本の慶事に多用される植物文様を配した「吉祥づくし」。

梅
厳寒にいち早く花を咲かせ、実を豊かにつける梅は、子孫繁栄の象徴。

● 幾何学系の柄

点や線で描いた文様や、曲線、三角、菱形、円を配した連続文様。網目や亀甲など文様からイメージした見立ての柄名も風情があります。

菱文 (ひしもん)
扁平方形の文様で、平安時代以来、公家の装束などに使われてきた古典文様。

毘沙門亀甲 (びしゃもんきっこう)
亀甲文様のアレンジ文様。必勝の神・毘沙門が着用している鎧の柄が由来とも。

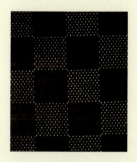
市松 (いちまつ)
正方形を交互に配した文様。「石畳（いしだたみ）」「霰（あられ）」という別名も。

鱗文 (うろこもん)
２色の三角形を組み合わせた文様。魔除けの力があるとされ、長襦袢などに使われる。

網目 (あみめ)
曲線を交差させてつなげた、漁網の目に見える文様。「敵を一網打尽」の意と絡め、武将に好まれた。

紗綾形 (さやがた)
卍をくずして組み合わせた文様。富貴が途絶えない吉祥文様として慶事礼装、白生地の地紋に使われる。

麻の葉 (あさのは)
６つの菱形を放射線状につなげ、麻の葉に見立てた文様。麻は丈夫で生育が良いことから子どもの衣に多用。

七宝つなぎ (しっぽうつなぎ)
円を重ねて配列した文様。七種の宝（金、銀、瑠璃、真珠など）の意で、富裕の象徴とされている。

04

大人の半幅帯コーデ

HANHABA-OBI
COORDINATE

　半幅帯といえば「浴衣の帯」ですが、それだけではもったいないアイテムです。そもそも半幅帯の歴史は名古屋帯よりも古く、普段着としてポテンシャルが高いもの。季節柄でない絹や綿の半幅帯は、オールシーズン使えて、帯地の素材選びとスタイリング次第で着ていくシーンが広がるアイテムなのです。
　帯締め帯揚げを入れる？ 羽織りを重ねる？ 結び方は？ と「着方」に工夫のしがいがあるのが楽しい！ お太鼓では大げさすぎるときに中和する力を持って、着物の存在感を軽くしてくれます。
　帯結びも簡単で、着つけ小物も要らず。コンパクトなので海外旅行などに持参しても。最近は個性ある半幅帯が増えてきたので、江戸小紋や色無地など、まず手持ちのやわらかい着物に合うデザインで1本押さえておきたいものです。

エレガント系

丸帯や袋帯といった、格のある古い帯をリメイクした半幅…江戸小紋・色無地など、よそゆき着物に合う。

エスニック系

バティックなど異国系の個性がある半幅…一年中締められて重宝。浴衣、綿、紬など普段着の着物に合う。

シンプル系

無地や縞、幾何学文様などすっきり色数の少ない半幅…浴衣、綿、紬など普段着の着物、とくに色柄ものに強い。

キュート系

カラフルな色柄の紅型など染めの半幅…浴衣、綿、紬など普段着の着物、とくに無地系、幾何学系に合う。

04 HANHABA-OBI COORDINATE　　OBI-JIME

半幅帯＋帯締めスタイル

染めの半幅帯を結んで、名古屋帯と同じように帯締めや帯留め、帯揚げをプラス。
前帯はきちんと端正に、後ろ帯ではゆったりリラックス。
絶妙なさじ加減で自分もまわりも安心できる、大人の遊び着スタイルです。

絽や麻の半幅帯は、単衣と盛夏のシーズンアイテム。暑い日は帯揚げナシで帯締めを締めるだけで、街着コーディネートにきちんと感が。観劇や落語などに着ていける。

水色 江戸小紋 夏の薄物（岩下江美佳）
グレー×黒 ウロコ文様 絽 半幅帯
白×紫 帯締め

CHAPTER 1

| シンプル系 | 04-1 |

はんなり夏着物に
幾何学柄の半幅でクールに

着物に描かれた小さな魚とリンクさせて、鱗文様の帯を締めた風情のあるコーディネート。とくに夏の装いに、半幅帯を用いることで暑さも軽減されて、カジュアルダウンして楽しめる。帯結びは文庫の変わり結び。タレを少し出すと、子どもっぽくならない。

04 HANHABA-OBI COORDINATE　　HAORI

半幅帯＋羽織りスタイル

半幅帯に、帯締め帯揚げに加え、さらに羽織りを1枚重ねれば、
「きちんと感」はパーフェクト。
羽織り姿は名古屋帯や袋帯と変わらず端正にシックに、
脱いだらハッと目を惹くエレガントな帯結び。そんなギャップが楽しめます。

チャーミングな帯結びは、文庫結び（P157）の変形。パーティや同窓会、子どもの発表会などに。帯揚げのピンクの挿し色は、ちら見せで大人っぽく。

グレー 乱菊地紋入 毛万筋 江戸小紋
黒地に松竹梅 丸帯をリメイクした半幅帯
濡羽（ぬれば）色 羽織り（P64）
つつじ色 帯揚げ／黒 帯締め

CHAPTER 1

| エレガント系 | 04-2 |

フォーマル帯地の半幅で
格のある着物も気軽に

グレーの江戸小紋の着物に、吉祥文様の半幅帯。帯はヴィンテージの丸帯をリメイクしたもので、江戸小紋以外に、色無地や付け下げなどよそゆきの染め着物とも合わせられる。

04 HANHABA-OBI COORDINATE　　YUKATA

半幅帯＋浴衣スタイル

浴衣と合わせた大人センスの半幅帯コーディネートです。
半幅帯は浴衣と合わせて選ぶことが多いものですが、
その際には浴衣姿を何割も素敵に見せて、後々まで着まわせる1本を選びたい。

エスニック系　　04-3

シックなエスニック系の半幅で大人カジュアル

インドの絹地・ムガシルクで仕立てた半幅帯。モノクロ文様はなんと手描き！　緻密な柄だが色数が少ないので、大柄の着物に合わせると、着物も帯も両方の魅力が際立つ。

紺地×水玉 綿麻 反物
ベージュ地に黒い柄 ムガシルク 半幅帯

シンプル系　　04-4

締めるほど愛着がわく手仕事の無地半幅の粋

天然染料で糸から染めた無地の紬帯に、長板染め小紋の伝統的な染めをほどこした浴衣という正統派の男前コーデ。秋にはほっこりとした紬の着物に締めても素敵。

紺×白 籠目（かごめ）文様 綿縮 反物（竺仙）
茶 無地 紬 半幅帯（紅露工房）

| キュート系 | 04-5 |

正統派のかわいい半幅は
ハンサム浴衣と好相性

やさしい色柄の紅型染め帯を、うず巻きの図案がモダンな浴衣に合わせて甘辛バランスが成立。幾何学柄など着物柄のクールさを、チャーミングな帯柄がやわらげる。

白地×青 うず巻き文様 綿紅梅 反物（竺仙）
紅型 半幅帯（宜保聡）

＋おしゃれ
MEMO
③

CHAPTER 1

◎ 半幅帯の長さはいろいろ

じつは半幅帯の長さに定型サイズはなく、ものによってまちまち。最近は結び方のアレンジがしやすいように、5m近い帯も登場していますが、あまりに長過ぎると締めづらいのでご注意を。

◎ 自分サイズにリメイク

結びやすい帯の長さは、平均的な体形ならば、3m60cm～4m以内を目安として。
もし試してみて長いようなら、短く切って調整することをおすすめ。帯丈だってパンツ丈と同じで、自分サイズでなければ使いづらい。リメイクして切り取った端裂（はぎれ）は、履物の鼻緒に活かすという手も。

◎ 裏地こそ大事

結び目から裏の色柄がちらっとのぞいたときに、裏地が素敵だとおしゃれ度がぐっと高まる。リバーシブルで使える帯もポイント高し。

oteshio's basic
- Part 4 -

ネコだって
知っておきたい

帯まわりのあれこれ

着こなしの要になる帯のベーシックな種類、名称のこと、季節素材のこと。持っておきたい帯揚げ、帯締めの種類など、帯コーデに関わる基本のあれこれをご紹介します。

● **基本の帯**　仕立て方やサイズでさまざまなタイプの帯がありますが、最もなじみのある種類はこの3つです。

袋帯	・名古屋帯よりも長く、二重太鼓に結ぶ。お太鼓にボリュームが出て、きちんと感のある印象になる。 ・模様のある表地に、裏地は無地か地紋入りの生地を合わせて仕立てたものが多い。 ・金銀の刺繍や箔などキラキラした装飾がほどこされた礼装向きの袋帯が主流だが、カジュアルな柄や素材で仕立てた「しゃれ袋」という普段使い向きもあり。
名古屋帯	・袋帯よりも短いもので、一重太鼓に結ぶ。今の着物コーデではベーシックに使われる帯。 ・胴に巻く部分が初めから半分に折って仕立てられたものが多い。 ・染めの名古屋帯、織りの名古屋帯があり、セミフォーマルやカジュアル向きが多いが、柄や素材によっては格の高いものがある。 ・「九寸名古屋帯」「八寸名古屋帯」と仕立てサイズを付けた呼び方もあり。
半幅帯	・普通の帯の半分の幅なので、半幅帯と呼ばれる。 ・名古屋帯同様に、染め織りの種類あり。 ・浴衣や木綿、紬などのカジュアル向きが多いが、素材と帯柄によりセミフォーマルに使えるアイテムもあり。

● **柄づけの呼び方**

全通柄 (ぜんつう)	帯全体に柄がちりばめられているデザイン。帯結びが苦手な人、ふくよかな人におすすめ。
六通柄 (ろくつう)	帯を締めると見えない部分は柄が省かれて、て先とお太鼓、タレまでは柄ありのデザイン。
お太鼓柄	お太鼓の部分と前帯の部分、見えるところだけ柄あり。ポイント柄とも呼ばれるデザイン。

お太鼓と前帯に絵がある、お太鼓柄の帯。柄に合わせてお太鼓の大きさを決める。

◉ 帯の季節素材

大きくは、透ける季節と透けない季節の2つで使い分け。
季節の先どりをするのはおしゃれとされる向きがあります。

透けない季節	盛夏以外通年 …	紬、綿、博多帯
	10〜5月 …	塩瀬、縮緬
	6〜9月 …	夏紬
透ける季節	7〜8月 …	麻、紗、絽、羅

◉ 持っておきたい帯揚げの種類

帯揚げは、ベーシックとして綸子や縮緬、夏着物には絽や紗と、絹製のものを使います。ポリエステルや木綿などより、布滑りが良くエレガントな光沢のあるシルクがおすすめです。

◉ 持っておきたい帯締めの種類

帯締めは装飾的なものである一方で、体に帯をホールドする道具としての機能性も重視すべきアイテムです。ベーシックとしては絹製の帯締めの組紐、帯留をを使うときは二分紐、三分紐など絹製の細紐で留めます。ほとんどの絹製の帯締めは通年使えます。

Point

ベーシックな帯締めの組紐	・組紐は種類豊富で、平らに組んだ「平打ち」と、丸く組まれた「丸打ち」が代表的。平らになるほどフォーマル感を醸す。
定番アイテム	・冠組(ゆるぎ)……やわらかく締め心地が良く、帯が安定する。普段使いから、おしゃれなフォーマル系の帯にも広く締められる。

木綿着物にも絹製の帯揚げ帯締めを合わせると大人コーデに。帯揚げは2色染めの正絹、帯締めは冠組。

05

おしゃれアウター

OUTER
COORDINATE

　お気に入りのアウターがワードローブにあると、暗くなりがちな寒い季節のおしゃれもうんと楽しめます。
　羽織りは、ジャケットのような位置づけ。室内でも脱がずに着られるアイテムだから、気候環境や季節を含めて着物コーデとのつながりで選びます。ショールやコートなどは外着として、洋装の人たちにもなじむ悪目立ちしないスタイルを全うしつつも、着方のディテールや色柄のスタイリングに自分らしさをしのばせると心浮き立つ装いに。
　セレクトのベースとしては、シルエットが美しく、品があること。そして流行の色柄よりも、一枚一枚、ある程度の素材感の良いお気に入りを揃えて。きちんと作られたものは、好みが多少変わっても懐深く受け止めてくれる。これは和洋のアウターに共通すると思います。

CHAPTER 1

05 OUTER COORDINATE　　HAORI

羽織りスタイル

コーディネートに迷ったり着つけが不安なときも、最後に上から着てしまえば、何となくサマになる。羽織りはビギナーの心強い味方です。ジャケット的なものとして、フォーマルな場でも着用できるアイテムなので、まず1枚目はスタンダードな色柄で、2枚目には少し個性のある生地を選んでも。最近は温暖化で、裏地のある袷(あわせ)より、裏地なしの単衣を定番にする人も少なくありません。

| 黒系スタンダード／袷 | 05-1 | グレー系スタンダード／袷 | 05-2 |

黒いロングジャケットのように

黒でも濃茶をおびたニュアンスのある色合いの羽織りは、間違いのない定番中の定番。江戸小紋と半幅帯コーデ(P56)や、紬の織りの着物などに重ねると、エレガントなオーラを醸し出してくれる。どんなタイプの装いも引き受けてくれる、汎用性の高さがなによりの魅力。

古風にも洋風にも好感スタイルに

洋服でいえばダイヤ柄のような菱形格子は、縁起の良い吉祥文様。柄があっても濃淡の落ち着いた色調のものなら無地感覚で羽織れて着やすい一枚。着物と帯は格子×格子コーデ(P43)。和洋の雰囲気を持つ羽織りはミックス感が上手く、柄コーデにも軽やかになじむ。

濡羽色 菊菱地紋入 色無地 羽織り
江戸小紋と半幅帯（P56）

グレー×濃グレー 菱形格子 江戸小紋 羽織り（岩下江美佳）
市松格子の紬と袋帯（P43）

CHAPTER 1

白系スタンダード／袷　　05-3

シックな着物の
バランスアップに

フォーマルシーンで着ると品良く華やぎ、ダークトーンの着物とも相性の良い、白系の羽織りをセレクト。白でも真っ白ではなく、江戸小紋の花柄の染めがほどこされており、柄効果のおかげで意外と汚れが目立ちづらいのもポイント高。入学式、卒業式に、江戸小紋コーデ（P22）に羽織って。

オフホワイト 洋花柄 羽織り（岩下江美佳）
江戸小紋と名古屋帯（P22）

05 OUTER COORDINATE

黒×薄グレー 菊づくし文様 江戸小紋 単衣羽織り
木賊色 無地 大島紬
江戸更紗 名古屋帯（岩下江美佳）
茄子紺×青 帯揚げ／紫 帯締め

| 黒系／単衣 | 05-4 |

個性あるデザインを
味方につけて

ツヤ感のある大島紬と更紗の帯に、菊づくしの文様の羽織りをさらりコーデ。大柄の羽織りは無地とはひと味違って、気分が上がる。個性が強そうに見えて、モノトーンの羽織りは着てみると意外に目立ち過ぎず、どこか色っぽくもあり、モダンでもある。

CHAPTER 1

白グレー 江戸小紋 紋紗 単衣羽織り
梅鼠（うめねず）色 江戸小紋
グレー水玉 江戸小紋 名古屋帯（岩下江美佳）
桜鼠 帯揚げ／練り色 帯締め

白系／単衣　　　　　　　　　　05-5

新しい素材感の紋紗で
きれいめに

透け感のある紋紗（P72）で誂えた単衣羽織は、洋服でいえばレースのカーディガン的なアイテム。着物も帯も江戸小紋の柄がほどこされたグレーベージュコーデに、さらに白グレーの羽織りをまとって。淡いトーンで重ねたグラデーションコーデが、ナチュラルでセンスの良い印象に。

05 OUTER COORDINATE

MUFFLER & SHAWL

マフラー＆ショール

着物に合わせるアイテムは、肌触りが良く、織りに味があるもの、と素材感重視でセレクト。兼用できる洋服のおしゃれでも「素材の豊かさ＝幸せ」を実感するはず。小さく畳めてバッグに収まるところも大事です。

| マフラー×着物 | 05-6 |

手織りのモヘアをふわり巻き

沖縄の織物工房が手がけている、手織りのモヘアのマフラー。ほどよいボリューム感で、ほっこりした紬の着物とバランスが合う。白地に微妙に織り出された味のある黒糸の模様は、琉球絣と同じ手法を用いたものらしく、贅沢なほどやさしく織られている。

モヘア マフラー（丸正織物工房）
濃紺 結城紬 着物／吉野格子 名古屋帯
憲法色 帯揚げ／赤墨色 帯締め

| 大判ショール×着物 | 05-7 |

明るいぬくもりに包まれて

カンタはインドの刺し子で、もとは東北の刺し子と同じで生活の手仕事。赤とピンクの丸い模様が愛らしいショールはアンティークで、シルク地に綿の糸を一針一針手縫いされたもの。秋冬のシンプルコーデの着姿に明るいぬくもりが欲しいとき、これ1枚を足して。

カンタ 大判ショール
着物・帯は左同じ

| 大判ショール×着物 | 05-8 |

羽織り代わりにまとって

かなり大きめのショールは、紗綾形の文様とシルクのツヤ感が美しく、身にまとうと知的な光沢を放つ。上半身を包み込んでくれるサイズのショールは、ふわっと羽織り代わりにしてもサマになる。着物の上にさっと身につけて塵除け代わりにも。寒い日はコートの中に1枚まとうと、シルクなので薄く軽く、すこぶる暖かい。

ラオスシルク 紗綾型 大判ショール
江戸小紋の着物（P22）

| マフラー×和装コート | 05-9 |

衿もとでミニマム巻きに

コートの衿首に巻くなら、きゅっと小さくまとめると全体バランスが良く、装いが引き締まる。今どきっぽい格子は、じつは沖縄の古くからの「てぃさーじ（手拭い）」という伝統的なテキスタイルで、滑らかで肌にやわらかい。シルクのマフラーとして濃い色のコートに巻くとトラッドっぽく、若々しい。

手織りシルク 格子 マフラー（丸正織物工房）
結城紬 コート

05 OUTER COORDINATE　　COAT

コート

和装コートには、風合いよく暖かな素材が向いています。とくに結城紬や大島紬などは、最適な生地。少し派手になった古着などをリメイクしてもカッコいい。防寒と塵除けの実用性から和装はロングコートになりますが、着膨れしがち。シルエットのポイントは、衿。四角い衿より、Vの衿になる道中着(どうちゅうぎ)の衿がすっきり見えます。

| ダーク系和装コート | 05-10 |

メンズライクな色柄で
まわりになじんで

シックなコートは、ヴィンテージの男物の結城紬をリメイクしたもの。軽くて暖かな結城紬は、男物が手に入ればサイズ的にアウターに活かしやすい。表地は濃紺のベーシックカラーに対し、裾からのぞく裏地にちょっぴり色を足し、女性らしさをキープ。

濃紺 結城紬 コート
浅葱色 結城紬 着物
防寒草履

CHAPTER 1

| カラフル系和装コート | 05:11 |

ぬくもりのある色柄で
大人の遊び心を

絣の飛び柄はヴィンテージの結城紬で、着物で着るには派手に感じてリメイクしたもの。ダークカラーが構成する秋冬のアウターファッションのなか、肌映りのきれいな色の和装コートでお出かけすると、自分もまわりの目もほっこり温める。

山吹色 絣柄 結城紬 コート
山葡萄の籠バッグ (P119)
防寒草履 (P113)

oteshio's basic
- Part 5 -

ネコだって
知っておきたい

アウターの隠れおしゃれ

羽織りやコートには、着方やお誂えの裏地にこだわれるなど、着物ならではのセンスの見せどころもあり。寒い時季にずっと着るものだからこそ心楽しくあるように、手を抜かずにおしゃれしましょう。

● **着方の目安**　羽織りの着こなしには慣れが必要。ビギナーは外出前に着方ポイントをチェック、「脱ぐ着る」の所作（P135）を軽く練習しておくと安心です。

Point

- 羽織りは衿後ろを外側に半分に折って（写真a）、着物のカーブに添わせて着る。
- 羽織り紐の結び目は、帯揚げと帯締めの中間あたりが目安のポジション。
- 羽織り紐の結び位置を変える場合は、紐を付ける輪っか「乳」（写真b）を縫い替えてもらう手もあり。

衿を立てて着てしまうと不自然なシルエットになるので気をつけて。

羽織り紐の結び目が上がりすぎると子どもっぽく見えるので注意して。

● **お誂え**　羽織り丈は時代で多少の流行があり、少し前は長羽織りが人気でしたが、今は膝下くらいがベーシック。好みもありますが、着る人の体形に合わせて、一番きれいに見えるシルエットと生地を選びたいものです。

Point

- oteshio コーデではシルエットがきれいに見える、膝下+5cm 丈くらいで調整（写真c）。
- 羽織りもコートもお誂えで気をつけるのは、裄(ゆき)の長さ。重ね着したときに下の着物袖が羽織り袖より出てしまうと格好が悪い。古着の場合も、裄が合わなければ自分サイズにリメイクして。
- 生地選びでは、最初の1枚目ならかたい紬より、やわらかい縮緬などがおすすめ。羽織ったときの落ち感、体にやさしく添う素材感で選ぶ。
- 袷の羽織りの次に、2枚目の羽織りとしておすすめの生地が、江戸小紋をほどこした紋紗（写真d、P67）。最近の暖かな気候に合って、春秋、初冬まで、着まわし力が抜群のアイテムに。

長羽織りは長過ぎない膝下丈で。

夏生地の紋紗に染めの加工で、透け過ぎない軽い羽織り生地に。3シーズン使えて重宝。

● 羽裏(はうら)

「羽裏」とは、羽織りの裏地のこと。表は地味に、裏地に凝った絵柄や色の鮮やかな生地を取り合わせるセンスは、昔から「裏勝(うらまさ)り」と呼ばれる着物独特のおしゃれ。脱いだときにハッとする色柄が見えると、なにより自分自身が心ときめきます。

Point

- 裏地にもこだわりのある生地を使いたい。和の文様や墨絵、縞や市松、洋風のポップな絵柄までさまざま。

絵柄で裏勝り
黒羽織りを脱ぐと、身の内に紅型で描かれた華やかな柄を秘めている洒落っ気。

配色で裏勝り
細やかな縞の表地の臙脂色に対し、無地のうぐいす色がシブく映える。

● コートのディティール

体全体をたっぷりの布で覆うロング丈のコートは、膨張して見えてしまう危うさが。シルエットの引き締めポイントは、衿のデザイン。着物衿と同じ形の道中着が、顔まわりをすっきりと見せてくれます。

Point

- コートの裏地は布量も多いので、着物の八掛けと同じ感覚で、すべりのよい生地で、配色に遊び心を凝らして。
- 飾りリボンやくるみボタンなど、全体がシンプルなぶん、留めパーツにおしゃれ感をプラス。

"シュッと見え"衿
顔まわりをシュッと細く見せるV字の衿。衿の角度、衿幅でまた印象が変わる。

裏地に彩り
無地コートの裏に、マニッシュな縞。古い小紋をリメイクしたもの。

留め具は甘め
裏地の布や表地の余り布を、くるみボタンや飾りリボンに使う。

06

夏着物コーデ

SUMMER KIMONO
COORDINATE

　夏着物には時季限定の透けた素材や、季節モチーフもあって、夏はとくにおしゃれの「旬」を味わう楽しみがぎゅっと詰まっているシーズンです。
　お祭りや花火大会などに気軽な遊び着の「浴衣」、暑くなる夏前と秋の前など季節のはざまをつなぐ「単衣」、そして盛夏に着る夏のよそゆき着「薄物」があります。夏のおしゃれコーデのポイントは、なにより「涼しさ」の演出。暑い日に、藍や白など清々しい色柄の着物を涼しげな顔でさらりと。自分よりもまわりの「目を涼しくする」ためのおしゃれは、ステージが一段上と見られるはずです。それに年齢とともに体のラインが気になる夏のおしゃれに、「夏着物は救世主！」といった声も。
　コーディネートでは色数が多いと暑苦しいので、ワントーンか、あるいは２〜３色まで。ビギナーは極力シンプルなアイテムから取り入れると上手くいきます。

爽やかな涼感にあふれた夏のよそゆきコーデ。とくにサマーフォーマルは洋服より夏着物が印象もコスパも良いという声も。

06　SUMMER KIMONO COORDINATE　　YUKATA

大人の浴衣

肌に触れるのだから生地の良さは大前提で、デザインは濃紺や白地の古典でも、着物では着ないポップ柄を選んでも。ときどき帯の結び方や帯留めでコーデに変化をつけて。お気に入りのワンピースのように浴衣を着て、"着慣れ"強化シーズンとしても良いかもしれません。

| 伝統柄の浴衣 | 06-1 |

古風な浴衣と縞の半幅の小粋なコンビ

白紺のすっきりとした浴衣の絵柄は、竹久夢二の作らしく、古風でいて、どこかモダン。明るい色柄の帯も合うが、ここはシックに、緑の差し色の入った縞の半幅帯で、ほどよく小粋さを組み入れて。

コンパクトで締めやすいカルタ結び(P156)にして。帯の縞が結び目の真っ直ぐなラインで強調され、清々しさが増す。

白地 麦の穂柄 浴衣（竹久夢二デザイン）
ベージュ×緑 ヨコ縞 半幅帯

CHAPTER 1

濃紺地 柳にツバメ柄 浴衣（竺仙）
オールドバティック 名古屋帯
銀細工「feather」帯留め（山崎航）
臙脂×練色 三分紐

伝統柄の浴衣 | 06-2

藍のシックなデザインを
銀座結びでお出かけ浴衣に

紺に古典柄の正統派の浴衣に、合わせたのは古いバティック。全体に曲線柄が配された浴衣には、幾何学文様や模様が密なバティック、更紗などを合わせると相性が良い。羽根の帯留めは浴衣柄のツバメとつなげた遊び心。

077

06 SUMMER KIMONO COORDINATE　　YUKATA

現代柄の浴衣　｜　06-3

ポップ柄の浴衣に染め帯で

黒地にうずまき柄のチャーミングな浴衣は、江戸から続く「竺仙」製。老舗の遊び柄は、懐が深く、帯を選ばない。浴衣に合わせた紅型の帯も多色使いだが、柄のなかの共通色で難なくつながる。

現代的な柄のムードに合わせ、文庫結びを大人っぽくタレを少し長めに。

黒地 うずまき柄 浴衣（竺仙）
オレンジ地 紅型 半幅帯（宜保理恵）

CHAPTER 1

単衣の木綿

単衣は裏地がなく透けない着物で、5月末〜6月、9月と盛夏の前後に着るもの。とくに自宅で洗える木綿の単衣は、汗をかく時季に重宝するカジュアル着。長襦袢を着て、衿つきスタイルで着たり、衿なしスタイルで着たり。縞や格子などベーシックな木綿が1枚あると、着まわし力は抜群です。

衿つき木綿 | 06-4

カジュアル着として気張らずに着られる木綿は、衿つきの長襦袢を着て、名古屋帯を締めると、たちまちきちんと感がアップ。落語会やギャラリー巡りなどの休日のお出かけ着に。

衿なし木綿 | 06-5

ワンピースのように、ナチュラルに肌着の上からさっとまとい半幅帯を締めて。モノトーンの格子に、シルクの帯地でエレガントさを味つけ。カフェや居酒屋さんなど気どらない遊び着に。

黒×グレー 格子 片貝木綿
縞 インドシルク 名古屋帯
薄紫×新橋色 帯揚げ (oteshio) ／鉄紺色 帯締め

左と同じ着物
市松格子 ドイツシルク 半幅帯

06 SUMMER KIMONO COORDINATE

USUMONO

薄物の着物

薄物とは、絽や麻、紗など涼しさを感じさせる盛夏の着物のこと。7月末〜8月と、大人の女性のよそゆき着に難問が多いのもこの時季。10年前の夏のパーティードレスは使えないが、夏着物ならおしゃれ感も十分。ただし、透けるので下に着る長襦袢のサイズには気をつけて。

| エレガント・紗紬 | 06-6 |

きりっとした藍地の夏衣に軽やかな麻帯を

大ぶりの芭蕉の葉っぱをあしらった趣のある着物はアンティーク。現代の夏着物とは違う柄ゆきの情緒に、古い対馬麻から仕立てた帯を合わせて。涼しくて軽い麻の帯は初夏の単衣から使えて、1本あると便利なアイテム。

濃紺地 芭蕉の葉柄 紗紬
縞 対馬麻 名古屋帯
白×臙脂の松葉柄 帯揚げ
木彫り 帯留め／臙脂色 三分紐

エレガント・紗紬 | 06-7

白地に青の清々しい絣を 涼感のある絵柄の帯を

白ベージュ 琉球絣 紗紬（丸正織物）
紅型 麻 名古屋帯（宜保聡）
薄香色 帯揚げ
銀細工「シェル」帯留め（山崎航）
桜色 三分紐（oteshio）

琉球絣の紗の着物に、紅型の麻帯という沖縄の布どうしのトラディショナルな美しい装い。涼やかな着物地のブルーの絣を海に、帯には砂地の昼顔に、貝の帯留めと、海辺の風景の「見立て」コーデも着物ならでは。博多献上帯に変えると、きりっと引き締まり、またがらりと装いの雰囲気は一変。

06 SUMMER KIMONO COORDINATE — USUMONO

| スタンダード・紗紬 | 06-8 |

ほっこりとした色合いに
肌触りはさらり

夏着物は涼しげな寒色系が多くなるが、涼しさは色だけでなく、素材で醸すこともできる。淡いピンクの着物地は紗紬という生地で、太陽の強い日射しにうっすらと透ける感じが美しい夏の衣。手織りの帯のざっくり感と、帯留めのシルバーも涼しさコーデにひと役買っている。

薄ピンク地 琉球絣 紗紬（丸正織物）
格子 手織り紬 名古屋帯
薄縹色 帯揚げ
銀細工 帯留め（石橋千絵子）
紺碧色×藍色 三分紐 (oteshio)

| スタンダード・紗紬 | 06-9 |

シンプルな格子の夏着物に
辻ヶ花風の紅型帯

目にも涼しい白い琉球絣の着物地は紬の一種で、これは沖縄の丸正織物が手がけている新しいタイプの紗紬。従来の紗紬ほどの透け感はなく、紬よりも軽く、単衣から盛夏まで着ることができる優れもの。合わせた紅型の帯もまた、伝統から新しいデザインに挑戦したもので、今らしさのある伝統コーデ。

白地 格子 琉球絣 紗紬（丸正織物）
紅型 名古屋帯
菫色 帯揚げ
銀細工「オオハシ」帯留め（山崎航）
桃色×つつじ色 三分紐 (oteshio)

CHAPTER 1

| エレガント・絽 | 06-10 |

盛夏だけの絵柄を楽しむ
旬のおしゃれコーデ

絽の着物の美しく正統な盛夏コーデ。青紅葉は盛夏にしか着られないモチーフで、一年に一度の旬のおしゃれを味わう、着物ならではの楽しさ。帯のシナ布は緑の染料で染めたアイテム。青紅葉の流れに苔むす岩場、といった風雅な景色を着物と帯で見立てたコーデ。帯揚げ帯締めもグリーン系でまとめて。

| エレガント・浜縮緬 | 06-11 |

長く時季を楽しめる浜縮緬は
帯次第で甘くも辛くも

夏生地は肌触りよく改良されており、この着物地も、単衣から盛夏まで着ることができるようになった浜縮緬。その新しい生地に、古く受け継がれている伊勢型紙の竹柄を染めたもの。月の満ち欠けが描かれた手織りの博多帯に、満月の1つ前「小望月」の帯留めを合わせ、上級者風のコーデに。

白地 青紅葉 絽
シナ布 染め 名古屋帯
緑黄色 帯揚げ
翡翠色 帯締め

グレー地 竹柄 江戸小紋 浜縮緬（岩下江美佳）
白地 雪月花 手織りの博多浮き織り（松浦長治）
深緑×若竹色 帯揚げ（oteshio）
銀細工「小望月」帯留め（山崎航）
紺碧色×藍色 三分紐（oteshio）

oteshio's basic
- Part 6 -

ネコだって
知っておきたい

体に心地いい襦袢

肌に近い襦袢は自分の体と環境に合ったアイテムを選ぶことがおすすめ。襦袢の選び方、なかでも温暖化が進む現代の暮らしのなかで活用シーンが増えている薄物の襦袢の生地などをピックアップしました。

● **襦袢の選び方**　着物と同じく襦袢にも季節の決まりごとは一応ありますが、気候変動の激しい現代では、ルールに縛られすぎると寒過ぎたり暑過ぎることも。きちんと感を求められる特別なフォーマル以外は、その日の暑さ寒さに合わせて、ある程度は自分の体感温度で襦袢を選ぶことが、心地よい着物コーデのポイントになるはずです。

Point
季節別のリアルな襦袢（目安）

寒い時季（10〜5月）	袷の襦袢（正絹）
暖かい時季（4〜9月）	単衣の襦袢（正絹）、薄物の襦袢（麻、紋紗など）

- 4〜5月、9〜10月など、季節の変わり目は、寒ければ単衣、暑ければ薄物と、襦袢で体温調節。
- 薄物の襦袢生地（P85）によっては、例えば暖房がきいた室内での装いなら「袷の紬×薄物の襦袢」というコーデ案もあり。

● **透ける着物の襦袢**

絽、紗など夏着物の長襦袢は透けて見えるので、
仕立てや着つけ、下着に気を配りましょう。

Point
- 長襦袢の丈が短かったり袖丈、裄などサイズが合っていないズレも、重ね着したときに透けて見える。単衣や袷の着物のようにごまかしがきかないので、夏の襦袢は自分サイズのものを着用して。
- 襦袢の背につける衣紋抜きは襦袢と共布にして。布の素材感が違うと着物地から透けたとき衣紋抜きの形が浮いて目につく。

夏の強い自然光を浴びると思っていた以上に透けて見えることがあるので気をつけて。

● 着まわし力抜群の襦袢生地

着物のワードローブとして、袷の長襦袢は定番ですが、カジュアルに重心をおく人や、暑がりな体質の人には、むしろ薄物の襦袢が使い良いという声も。なかでも透け感をおさえた麻と紋紗の襦袢は、着ている自分自身が季節ハズレ感がなくて着まわしやすいアイテムです。

	特徴	着こなし	
色つきの麻の襦袢	・夏の長襦袢の定番の麻。さらりとした涼しい着心地で、汗をかいても家で洗える。 ・おすすめは薄グレーや薄ブルーなど色つきの麻。白地だと夏限定感があるが、色があると透け感がおさえられて長く着やすい。 ・透け感の強い着物は、白よりも色のついた襦袢を重ねたほうが、着物の文様が浮き立つことも。	・織りのかたいもの、紗紬、紬、上布、麻、綿などカジュアルな着物に向いている。	
透けない紋紗の襦袢	・もともと夏の透ける生地だが地紋の染め加工をした、涼しいけれど透け過ぎない紋紗の襦袢生地がある。 ・軽くて、涼しくて、透け感がないので、汎用性が高い優れもの。 ・単衣、夏（盛夏以外）、袷（真冬以外）の3シーズン活用できる。	・染めのやわらかいもの、江戸小紋、絽などセミフォーマルな着物に向いている。	

● 浴衣の下、木綿着物の下

Point
- 夏の浴衣や木綿は襦袢なし、肌着のみでOK。なるべく涼しくすっきり着るのがおしゃれ。
- 肌着はワンピースタイプの肌着スリップやキャミソール＋ステテコ、木綿や浴衣を衿つきで着る場合は、衿つき筒袖の半襦袢も気軽に着られる。

最近はエレガントな着物スリップも登場。この上から浴衣や木綿をさらっと着用。

衿つき半襦袢は襦袢と肌着が一体化した簡易アイテム。仕事で着物を着る人に愛好者が多い。

● 響かない下着選び

室内では目立たなくても、外に出ると透けて見えることがあるので、シルエットに響かない下着を選んで。

Point
- 浴衣の薄い生地に、キャミソールの細紐は意外と目立つ。肩がレースになっているものなどラインが目立たないデザインを選んで。
- 着物のときはヒップまわりが目立つので、ショーツはハデなものは避けて。白よりはベージュ系が肌になじんで目立たない。
- ヒップハングのノーラインショーツがおすすめで、おへそまで隠れる深履きタイプやガードルはトイレが面倒になるので向いていない。

07

世代コーデ

AGELESS
COORDINATE

　10年20年と自分と一緒に年を重ねたもの、あるいは母から娘へ、祖母から孫へ受け継いだもの。1枚の着物や帯を、時をつなぎ、世代をつなぎ、愛情を持って着続ける——そんなおしゃれが着物の愛おしさです。流行に振りまわされず、体形が多少変わっても着こなせてしまうからコスパ面でも心強いところです。

　とはいえ時代や世代でなんとなく好みや肌になじむ色が変わってくるので、コーディネートにおいてはアップデートが必要になってきます。30代より、40代、50代と、着物の経験値が豊かになるぶん、若い頃の身構えた感がなくなり、「こういう着方もやってみよう」と柔軟に、新しいコーディネートへの挑戦も気軽にできてしまう。そんな軽やかさが世代コーデを楽しむ秘訣です。

　やや古風なタイプの着物と帯を実例アイテムとして、それぞれ「30代」「50代」の世代別にコーディネートしてみました。年代ごとに着る人が輝く、ちょっとしたコツをご紹介します。

07 AGELESS COORDINATE

着物の世代コーデ

何歳になってもずっと変わらずに似合う着物はありますが、そういう手堅いタイプの着物や帯にこそ、若いときは少しの冒険で、年齢を重ねたら、今まで手を出したことのない色柄をコーディネートしてみると新鮮に。

30代スタイル | 07-1

ネイビーは洋服もそうだが、着物も基本的に何歳になっても老けない、うれしいアイテム。全体を同系色でシンプルにまとめ、帯揚げ帯締めの小さな面に、同系色だけど少しだけ彩度の高い色を足して。藍にグリーンはクセがなく、30代のおしゃれになじむ。

濃紺 薩摩木綿
紺地 インドネシア更紗 名古屋帯（oteshio）
浅葱色 帯揚げ／萌黄色 帯締め

CHAPTER 1

| 50代スタイル | 07-2 |

着物は左と同じ
山吹色 紅型 名古屋帯（宜保聡）
紅藤色 帯揚げ
トンボ玉 帯留め／薄灰色 二分紐

藍のシックな着物に、50代からはきれいな色の帯で魅せる反対色コーディネートにトライ。シックな着物に足すアクセントカラーには、中途半端にぼんやりした色を選ぶと野暮ったくなる危険も。大人になるほど彩度の高いはっきりとした色目を着こなせる。

07 AGELESS COORDINATE

30代スタイル | 07-3

やわらかな色の着物に、30代のおしゃれなら、ワントーンでまとめるのが無難だが、もし強い色柄を合わせるなら同系色で操るのが有効。銀の帯留めや黄緑の紐と、辛口なアイテムを投入すると引き締まってお出かけ仕様に。

紫ピンク ぼかし紬
朱赤 金糸縁どり 荒磯文様 名古屋帯
桜桃色 帯揚げ
萌黄色 三分紐
銀細工 丸 帯留め（喜舎場智子）

CHAPTER 1

| 50代スタイル | 07-4 |

若いときに手に入れたかわいらしい色の紬を、グラデーションでコーデして大人の落ち着きを。少し若いかな？ と思う着物を着こなすときは、同系色の帯に、帯締め帯揚げも彩度低めがベター。おさえた色合わせがエレガント。

着物は左と同じ
生成り地 貝紫で染めた刺繍入り 名古屋帯
藤色 帯揚げ
紅藤色×薄香色 帯締め

07 AGELESS COORDINATE

帯の世代コーデ

若い頃に手に入れた、色鮮やかな帯、個性のある柄帯。色鮮やかな帯と一緒に、年を重ねる気分で、30代、50代をコーディネート。着物にも増して帯締めの色合わせに気をつけて。

30代スタイル | 07-5

同系色コーディネート。色合わせとしては、甘めの印象になるところを、黒い三分紐できりっと引き締め。30代に似合う、カッコかわいいスタイルに仕立てて。

朱赤 バティック 名古屋帯
薄ピンク 格子 琉球絣 綿麻
珊瑚色 帯揚げ
帯留め 陶製（内田鋼一）／黒 三分紐

50代スタイル | 07-6

茶の着物に赤の帯で、じつはこちらも同系色。彩度が低い着物と合わせれば、若いときの赤い帯も不思議と落ち着いた気分で締められる。帯揚げ帯締めにアクセントカラーを配するのは御法度。帯と同系でシックに統一して。

帯は左と同じ
焦茶 くず繭から作られた紬
黒檀色 帯揚げ
臙脂×滅紫 帯締め

CHAPTER 1

30代スタイル　｜　07-7

ブルーの帯に黄色の縞の着物は反対色コーディネート。30代は行動的な「陽」のイメージで、帯締めを着物の色に合わせ、帯にのせると映えるスタイリングに。

50代スタイル　｜　07-8

帯と同系色の紫の紬とセットアップ。彩度が低い着物にのせると視覚効果で帯がシックに見える。帯締めも目立たせず同系色で揃えて、色数の少なさ、バランスの良さが洗練を醸す。

浅葱色 糸巻き柄 型染め 名古屋帯
黄色 縞 上田紬
留紺色 帯揚げ
黄赤色 帯締め

帯は左と同じ
紫 結城紬
留紺色 帯揚げ
紺青色 帯締め

oteshio's basic
- Part 7 -

大人センスで活かす古着

ネコだって
知っておきたい

ヴィンテージの着物や帯を、コーディネートのひと工夫で今らしく着こなしたり、賢くリメイクしてこなれたおしゃれアイテムに生まれ変わらせたり。あくまで大人センスで自分らしく、古き良き着物たちを愛おしんで活かすアイデアをご紹介します。

◉ 昭和の着物を今コーデに

親や親戚から譲り受けた昭和テイストの着物や帯の基本コーデとしては、昔の着物には今の帯を、昔の帯には今の着物を合わせます。着物も帯も古いものどうしなら、小物は新しいものにして。

Point

- 古い着物コーデの場合、帯締め帯揚げは現代ものを合わせて。古ぼけた帯締め帯揚げを使うと、ぐっと時代がかって感じられるので気をつけて。
- 金銀の分量の多い華やかな帯や、柄の個性が強い帯には、同系色で、シンプルな無地系の着物と合わせて。
- 全体に曲線が多い古風な柄ゆきの着物には、幾何学文様など直線のモダンな帯柄を合わせて。
- 色数の多い柄ものの小紋は、全体に色数を少なく引き算コーデに。帯締め帯揚げを含めて3色以上にならないように気をつけて。

昭和の訪問着を今コーデに

華やかな淡い色合いの訪問着は、金銀入りの袋帯を合わせると古風な礼装となり大げさすぎて着てゆく場に困るもの。着物の格ともバランスが合い、かつカジュアルな柄ゆきの間道の帯を合わせると今らしく、セミフォーマルな場にもなじむ。

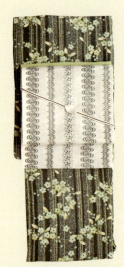

昭和の小紋を今コーデに

昔デザインでよくある桜柄の小紋など全体に柄がこってりした着物には、同じ昭和のポイント柄などを合わせると、重たくなってNG。白地ベースの帯を合わせると今らしいすっきりコーデに。淡い色のマニッシュな洋生地の帯も合う。

● ヴィンテージの見極め

買おうかどうか迷ってしまったら、感覚を大事にして。触ると気持ちが良いとか、着やすいとか、自分の肌感覚、経験値を拠りどころに選ぶことをおすすめ。「安いから買う」は禁止です。

Point

- リサイクルショップや骨董市などたくさんの古着から選ぶ場合、宝探しのようなムードに流れがちですが冷静に。とにかくパッと見のデザインより生地の質でセレクト。生地の質が良いと他のものにリメイクして使うことができますが、ちょっと柄が気に入っているくらいだとすぐ飽きがち。
- 証紙つきの反物のなかには真偽が不確定なものもあるので、証紙に価値をおきすぎないように。

● 古着のリメイク術

気に入った着物や帯の目立つ部分に汚れがあったり少々の傷みがあっても活かしたい場合、仕立て屋さんや悉皆屋さんと相談してみると、おもしろいアイデアに出合うことも。蘇らせたい着物や帯は、手間とコストをリアルに見極めた上で、愛情を持ってリメイクしてみて。

Point

◆ **汚れのある着物や帯 ⇨ 色を変える**
着物全体の色を染め直すリメイク。染め色のセレクト、柄や刺繍部分の染め直し方など、やり方はいろいろあり。

◆ **着丈が短い着物 ⇨ コート・羽織にリメイク**
着丈が短い江戸小紋や色無地などの着物は羽織に。古い大島紬や結城紬など暖かくて丈夫な織りの着物は、コート向き（P70〜71）。

◆ **締めづらい帯 ⇨ 付け帯や半幅帯にリメイク**
長さが短くて結びづらかったり結び目の傷みが激しい場合は使い勝手を考え、付け帯（作り帯）や半幅帯に作り替えてみて。袋帯→付け帯、丸帯→半幅帯（P57）など、リメイクするとコーデの幅は確実に広がる。

◆ **着古した着物 ⇨ 長襦袢にリメイク**
柄は気に入っているけれど着込んで生地が薄くなり、くったりとした質感になった着物があれば、襦袢や裾除けに作り替えてみて。やわらかな肌触りの素材感を活かし、隠れたおしゃれ感を楽しめるリメイクに。

お太鼓部分と胴に巻く部分に分けて仕立てた付け帯。着つけ（P132）がとびきりラクで出番も増。

古い着物地を使った裾除け。下にスパッツをはいてスリップスカートとしても着ても。

ヴィンテージの風情ある柄と着心地の良さは新しい襦袢では味わえないものかも。

08

帯揚げ & 帯締め
配色コーデ

OBIAGE & OBIJIME
COLOR COORDINATE

　帯揚げ帯締めは小さい面積ながらも、着る人の感性があらわれる重要アイテムです。着物と帯を決め、帯揚げ帯締めをのせては変え、あれやこれやと悩む楽しさ。着物好きにとってたまらないひとときで、おしゃれの力が入るところ。そこでこの章では、配色のセオリーから取り組むコーデ術をご紹介します。
　まず基本の配色として、「同系色コーデ」と「反対色コーデ」があります。同系色にするか反対色にするかで、仕上がりの着姿がモダンになったり、やさしくなったりとイメージがガラリ。逆にコーディネート前に「どう着たいか？」「どんなふうに見せたいか？」と着姿のイメージを先行して、帯揚げ・帯締めを配色するとスムーズです。
　もう1つの配色セオリーが、季節コーデです。実際に1本の帯で、3シーズンの季節を帯揚げ帯締めの色合わせであらわすコーデをご紹介しています。帯揚げ帯締めの色に、季節を託す。そんな装いが演出できるようになれば、帯をたくさん持っていなくても年中着まわせます。
　帯揚げ帯締めの色合わせに迷ったとき、マンネリに感じてきたとき、配色コーデを決める軸を知っていると、軽やかにセンスアップできてしまうはずです。

CHAPTER 1

| 同系色の帯締め＆帯揚げ | 08-1 | 反対色の帯締め＆帯揚げ | 08-2 |

配色のイメージ⇒エレガントな、落ち着いた、フォーマル系、控えめな、統一感がある。
帯揚げ帯締めは、同色にするが、彩度は高低をつけるとフレッシュ。彩度も同じトーンにすると平坦な配色になり、おもしろみがない。

上：黒鳶色の帯揚げ　赤墨色の帯締め
中：赤香色×丹色の帯揚げ　丹色の帯締め
下：梅鼠の帯揚げ　つつじ色の帯締め

配色のイメージ⇒キュートな、活発な、カジュアル系、印象的な、アクセントが効いた。
帯揚げ帯締めは、反対色にするが、色のトーンは同じにするときれい。一番上の黒×白は無彩色コーデで、モダンになる配色。

上：黒紅色の帯揚げ　白×鉛色の帯締め
中：鳥羽色の帯揚げ　金茶色の帯締め
下：淡黄色の帯揚げ　白藍色の帯締め

※同系色、反対色、無彩色の色の組み合わせはコラム⑧（P104）の色相環（しきそうかん）を参考にして。

08 OBIAGE & OBIJIME COLOR COORDINATE

同系色コーデ

しっとり上品な印象で着たいときに向いているのが、同系色コーデ。とくに格のあるフォーマル着は帯揚げ・帯締めは同系色でまとめるのが無難。カジュアル着の場合でも、柄コーデを大人っぽく着こなしたいときは、グラデーションコーデにすると品良くまとまります。

柄コーデとしても市松×市松の個性のある装いは、彩度を低めにした同系色コーデとして。帯締めは紫紺色に、薄葡萄色と紫紺色の振り分けデザインの帯揚げで少し控えめに。

柄の大きな帯や着物の場合、同系色コーデがまとまりやすい。鮮やかな藍色の帯締めが際立つよう、帯揚げは彩度を落として薄い青紫色を選び、着物となじませる。

薄葡萄色×紫紺色 振り分け染め 帯揚げ
紫紺色 帯締め

薄縹(うすはなだ)色 ぼかし染め 帯揚げ／
青藍(せいらん)色 帯締め

CHAPTER 1

反対色コーデ

大らかにハツラツとした印象で着たいときに向いているのが、反対色コーデ。カジュアルシーンの遊び着に、反対色の帯揚げ・帯締めを合わせるとおしゃれに。とくに寒色系や白×黒などの無彩色を配すると、都会的な雰囲気に。フォーマルでも反対色コーデにしたいときは、彩度は低めの帯揚げ・帯締めにして。

帯締めは、帯に描かれた小花モチーフの赤、紫、ピンクとつながる色で、鮮やかな赤紫を配して。帯揚げはツヤのある濃い紫みの青を選び、帯の華やかな存在感を引き立てる。帯締めは帯に、帯揚げは着物に、反対色の色彩を溶け合わせた大人カジュアル。

瑠璃紺色 帯揚げ
つつじ色 帯締め

淡いピンクの袋帯を締めたフォーマルな装いに、あえて赤紫×緑の反対色コーデにすると、同系色では出ないモダンさが醸し出される。ただし帯揚げ帯締めは彩度は低めの色選びが正解で、彩度の高い色にするとアクセントが効きすぎて、エレガントなバランスが崩れる。

青磁鼠色 帯揚げ
紅藤色 帯締め

08 OBIAGE & OBIJIME COLOR COORDINATE

季節の配色

4タイプの帯を、春、秋、冬と共通の着物に合わせ、帯揚げ帯締めをポイントにおいて、季節をあらわした配色コーデです。似たタイプの手持ちの帯でチャレンジしてみて。

「無地帯」× 3 season
織り地が魅力の無地の帯は
反対色の配色がおすすめ。

春　黄緑×紫の反対色コーデ　| 08-3

帯締めのピンクっぽい薄紫の葡萄色で、帯揚げの黄緑の色とは定番の好相性。春のやさしさを淡い配色に託して。

萌黄色 帯揚げ／薄葡萄色 帯締め／風通お召
ラオスシルク 名古屋帯（oteshio）

秋　青紫×黄の反対色コーデ　| 08-4

帯締めは金色がかった明るい茶系の黄色に、赤味がかった青紫の帯揚げ。メリハリの効いた配色で秋の深みを演出。

黒紅色 帯揚げ／金茶色 帯締め
江戸小紋染め お召／帯は春と同じ

冬　紫×橙の反対色コーデ　| 08-5

同系色に見えて、帯締めの黒褐色の茶はオレンジ系の茶で、帯揚げの紫系は反対色。冬らしい落ち着いた色調に。

鴇鼠（ときねず）色 帯揚げ／憲法黒茶の帯締め
塩沢お召／帯は春と同じ

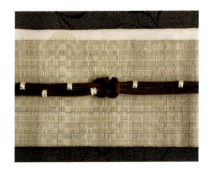

CHAPTER 1

「ワンポイントの帯」× 3 season
花などワンポイント模様の帯は
同系色の配色がおすすめ。

春　赤紫の同系色コーデ　　08-6

三分紐は、濃い紅梅色で平安時代に流行った色らしく雅。帯揚げは同系色でも淡い珊瑚色を合わせて変化をつけて。

珊瑚色 帯揚げ／九谷焼赤絵 帯留め（織田恵美）
今様（いまよう）色 三分紐／風通お召／紅型 名古屋帯（宜保聡）

秋　緑の同系色コーデ　　08-7

三分紐の色は、シブめのモスグリーンに、帯揚げには、さらにくすんだ緑を配して。ひなびた秋の風情ある配色に。

緑青色 帯揚げ ／ 竹製の帯留め ／ 苔色 三分紐
江戸小紋染め お召 ／ 帯は春と同じ

冬　紫の同系色コーデ　　08-8

三分紐の色は、紺色がかった暗めの紫に、薄い青紫の帯揚げを配して。冬の空気感になじむ凛とした配色に。

りんどう色 帯揚げ ／ 陶製の帯留め（内田鋼一）／ 紫紺色 三分紐
塩沢お召 ／ 帯は春と同じ

08 OBIAGE & OBIJIME COLOR COORDINATE

> 「直線柄の帯」× 3 season
> 格子や縞の帯は、反対色や
> 無彩色の配色がおすすめ。

春　黄×青の反対色コーデ　│ 08-9

帯締めは、藍染めでも一番淡いブルーに、帯揚げは淡いイエローに。淡い色どうしの反対色でやわらかに春らしく。

黄色 帯揚げ／白藍色 帯締め／風通お召
厚板格子 名古屋帯

秋　橙×青の反対色コーデ　│ 08-10

帯揚げの黄櫨染色（こうろぜん）は、天位を示す高貴な色で太陽のような橙系。帯締めの紫みを帯びた上品なブルーと合わせエレガントに。

黄櫨染色 帯揚げ／黒紅色 帯締め
江戸小紋染め お召／帯は春と同じ

冬　白×灰色×黒の無彩色コーデ │ 08-11

帯揚げは赤みがかった黒に、帯締めは白地にグレーが縁どられたものを配して。モノトーンでクールな冬の装いに。

鴇鼠色 帯揚げ／憲法黒茶 帯締め
塩沢お召／帯は春と同じ

CHAPTER 1

> 「総柄の帯」× 3 season
> 全体に模様のある帯は
> 同系色の配色がおすすめ。

春　赤紫の同系色コーデ　｜ 08-12

帯締めは紫みの鮮やかなピンクに、帯揚げはグレーがかった紫を配して。着物になじませ、さりげなく帯の柄を引き立てて。

梅鼠色 帯揚げ／つつじ色 帯締め
風通お召／染め 名古屋帯

秋　橙色の同系色コーデ　｜ 08-13

ツヤのある赤オレンジの帯締めに、帯揚げは橙色の濃淡の縞を配して。合わせ過ぎない配色で、しゃれ感のある秋の装いに。

赤香色×丹色 帯揚げ／金赤色 帯締め
江戸小紋染め お召／帯は春と同じ

冬　青の同系色コーデ　｜ 08-14

帯締めは緑みを帯びたダークな紺に、帯揚げは紺で最も濃い藍色を配して。帯柄をシックな色で引き締め、きりっとした装いに。

留紺色 帯揚げ／鉄紺色 帯締め
塩沢お召／帯は春と同じ

oteshio's basic
- Part 8 -

ネコだって
知っておきたい

頼りになるカラーコーデ

感覚的に「素敵！」と思う色合わせには、じつは配色の理論があります。色を少し学ぶと帯締め・帯揚げもピタッと決まる色選びができて、さらにカラーコーデが楽しくなってきます。色の構成、同系色、反対色コーデのヒント、困ったときの無彩色・グレー使いに触れておきます。

● **基本の色の構成**

色は大きく、黄色や紫など彩りのある「有彩色」、
白、黒、グレーの彩りのない「無彩色」に分けられます。

【 有彩色の3つの要素 】
① 色相 ― 色みの度合い
② 彩度 ― 鮮やかさの度合い
③ 明度 ― 明るさの度合い
※ 無彩色には色相・彩度はなく明度のみ。

Point

◆ **同系色、反対色を知る「色相環」**

アートやインテリアの参考書などにも見られる、色相環（下図）は、有彩色を体系化して、虹の配列のように赤→オレンジ→黄色→緑→青→紫と段階的に変化した色みを配列したもの。同系色コーデ、反対色コーデの参考にして。

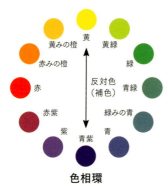

色相環

同系色―ある1つの色に対し、隣合った色同士。
反対色―ある1つの色に対し、向かい合った色同士。
とくに正反対にある1色は「補色」と呼ぶ。

◆ **反対色コーデのヒント**

感覚として組み合わせるとちょっと自信がもてない反対色の組み合わせも、色相環で見ると納得の裏づけができて、自信がもてるように。

茶系の帯揚げ×青系の帯締めの反対色コーデ。
なじむ配色には理由あり。

◉ お助け無彩色・グレー

洋服のインナーでも、白、黒、グレーなど無彩色アイテムは、シンプルコーデに欠かせないお助け色。着物上手のワードローブでも愛され色が、グレーの帯揚げ・帯締めです。コーデに困ったとき、何色から揃えるべきか迷うビギナーも、きっと頼りになる色です。

グレーといってもさまざまな明度の色みあり。グラデーションで欲しくなるが、1つに絞るなら定番の帯と合うグレーを選んで。
写真手前から、潤(うるみ)色 帯揚げ、薄雲鼠×黒の縞、青藤色、灰青色

◉ グレーの帯揚げコーデ

帯揚げは着物と帯のつなぎ役ですが、なかでもグレーの帯揚げの「つなぎ力」は抜群。タイプの違う着物と帯に、同じグレーの帯揚げを合わせてみました。とくに柄×柄コーデにはグレーは救世主になるはず。

青緑の江戸小紋とダークカラーの博多織の帯をつないで。
グレー 帯揚げ／桜鼠 帯締め

細かい市松柄が入った深緑のお召とアースカラーのバティックの帯をつないで。
グレー 帯揚げ／赤橙 帯締め

ベージュの格子の着物とナチュラルカラーの無地紬の帯をつないで。
グレー 帯揚げ／若草色 帯締め

赤紫のみじん格子の後染め結城紬とクラフト感のある切嵌め縫いの帯をつないで。
グレー 帯揚げ／赤紫×絹鼠色 帯締め

09

履物セレクト

FOOTWEAR
SELECT

　「足もとを見られる」は和装でもあること。着物や帯でどんなに素敵に装っても、ふと見た履物が間に合わせで選んだ感じだとしたら、本当に残念な印象に。こと履物に関しては、きちんとしたものをセレクトする情熱をもってほしい、と強くお伝えしたいアイテムです。着物は伝統工芸に支えられたおしゃれですが、なかでも後継者不足が明らかなのが履物の職人仕事。つまり手間のかかる手仕事の履物はどんどんレアものになるわけです。着物おしゃれ予備軍の人も、ひとまず足もとを揃えておくのも一案。ブランド品でなくてもいいのです。長く愛着を持って履き続けられるものを手に入れること。そのためには、必ずメンテナンスができるお店で買うことも必須です。
　履物を単なる実用品と考えずに、自分らしいおしゃれの基礎になるアイテムと位置づけて。草履・下駄も、さまざまなタイプがあり、その特徴と活用シーンを知って、自分の装いにベストにマッチングしたものを選びましょう。ときには、お出かけ先に合わせて「先に足もとを決める」コーディネートをしてみると、新鮮な着物スタイルが浮かんできたりもします。

草履は「鼻緒」、下駄は「台」。それぞれの素材でコーディネートの格が決まってくるキーポイント。
※草履・下駄の名称や素材についてはコラム⑨（P114）をご参考に。

09 FOOTWEAR SELECT — ZORI

草履セレクト

草履選びのポイントは台の色。礼装からカジュアルまで広く使えるものとしては、チャコールグレー、チョコレート色などシックな曖昧カラーが狙い目。礼装に絞り込むなら、ごく薄い色でグレイッシュなピンク、ライトグレー系がおすすめ。鼻緒は、金銀なしの五嶋紐や名物裂などを使った、大げさ過ぎないものが使い良い。

スタンダード | 09-1

「草履のスタンダードを1つだけ」と限定されたら、これが一番のおすすめ。鼻緒に使われているのは「五嶋紐」という戦国時代から使われている組紐の一種。皇室献上の草履にも使われている、格のある鼻緒。幅広い着物に合う色の白茶は、フォーマルから、金銀が入ってないのでカジュアルまで使えるオールマイティーなアイテム。

チョコレート色 本皮の台
白茶 五嶋紐 鼻緒

CHAPTER 1

エスニック | 09-2

網代の台は夏だけに限らずオールシーズン使える優れものアイテム。1つ持っていると江戸小紋などのやわらかい着物から紬までいろんなコーデに活用できる。これは古い網代を台に。脇に革がほどこされて、素材の質の良い表情も魅力。鼻緒はオールドバティックなど趣味性を強く出して、ややカジュアルテイストに。

網代の台／オールドバティック 鼻緒（oteshio）

シンプルモダン | 09-3

ツヤのある台はフォーマルっぽさが出て普段には使いづらいもの。逆にツヤ消しのマットな黒の台は、小紋や紬など、カジュアルコーデなら幅広く合わせやすい。帆布素材の台は下地に高反発材が使われており、クッション性が良く足が疲れにくい工夫がされている優れもの。鼻緒は、モダンな雰囲気のシルク地で大人っぽく。

黒 帆布の台／グレー地 ドイツシルク 鼻緒（oteshio）

フォーマル | 09-4

エナメル系のつるんとしたツヤとは違って、しっとり落ち着いた金がかった草履は、フォーマルはもちろんカジュアルにも履けるアイテム。フォーマルな装いを軸にして草履を選ぶ場合は、淡い色調で、鼻緒、前ツボ、台もすべて同系色だとコーディネートしやすい。

金黄地 帆布（ツヤあり）／台・鼻緒とも同素材

09 FOOTWEAR SELECT　　GETA

下駄セレクト

カジュアル着物が中心ならば、下駄をスタンダードにしても。下駄選びは、まず台の素材と形から。塗りや白木、やさしいカーブの「右近型」や「舟型」で、四角い台のヒールのような高さがある「二枚刃」など。エレガント系にハンサム系と、テイストもさまざま。素足で履いたときに品があるかどうか、それが「大人の下駄」のポイントです。

カジュアル　　| 09-5

定番の下駄にして履きまわしの実力は一番。本塗りの台に、愛らしく華やぎもある縮緬の鼻緒をつけた下駄は、足袋を履いても品良くおさまるデザイン。お召や結城紬などの、観劇や落語などに着ていく、しゃれ感のあるカジュアルコーデにも合う。

黒 漆塗り 右近型の台
白地 水玉 縮緬 鼻緒

カジュアル　　| 09-6

焼き桐の台は、素足で履いても足の跡がつかないので夏の浴衣や木綿の着こなしに気軽に履ける。足袋を履いて、紬などカジュアルにも有効。明るい色目の鼻緒だが、古布の風合いがおしゃれ感をアップ。

焼き桐 右近型の台
赤紫地 インドネシアの古布 鼻緒（oteshio）

カジュアル | 09-7

ここ最近少なくなっている胡麻竹の台は要チェック。竹素材の台は、暑い夏に素足で履いても足がさらっとベタつかずに快適。足跡がつかず、脱いだときも気にならない。大人かわいい鼻緒は、紅型の生地を使ったもの。素足も足袋もOK。

胡麻竹 右近型の台／紅型 鼻緒（oteshio）

カジュアル | 09-8

二枚刃の下駄は、履き姿がマニッシュでかっこいい。履き慣れない人も多く、最初は戸惑うが、下駄裏の前の部分（前の歯）に滑り止めをほどこしてもらうと安心できて、歩きやすい。鼻緒も青みがかったグレー地で、台の竹の色としっくりなじむ。こちらも素足でも足袋を履いてもOK。

胡麻竹 二枚刃／お召地 鼻緒

エレガント | 09-9

「畳表」は畳の材料になる素材で編まれたもので、あくまで下駄なので礼装NGのおしゃれ着履きだが、下駄としては最も格がある。軽く、足が蒸れず、夏の履物としては最適なもの。鼻緒には金糸の入った帯地を使い、前ツボの赤をアクセントにして。カジュアルななかにも品を持たせ、夏のよそゆき着に合わせる。一生モノとして愛用できるので、レアものだが、出合えばチェック必須に。

畳表・コルク 二枚刃の台／織りの帯地 鼻緒

09 FOOTWEAR SELECT　　GETA・ZORI

雨下駄・雪草履セレクト

近年の天候不順で、雨下駄も雪草履も需要がじわじわ増えているアイテム。お気に入りの雨下駄や防寒履物があれば、実用的にも気分的にもかなりリカバーしてくれます。パーティー会場などでは履き替えるものなので、鼻緒やファーなどディテールに遊び心があると楽しい。

雨下駄スタンダード　|　09-10

透明の爪先カバーの「爪皮」がついた下駄は、雨の日も雪の降り始めにも活躍。右近型の下駄なので、足元が濡れているときも、草履より汚れを気にせずに使える。小さな面積の鼻緒はおしゃれ感を楽しんで、シンプルでいてワザありの生地を選んで。

爪皮つき 漆塗り 右近型の台
黒地 インドカンタ 鼻緒 (oteshio)

CHAPTER 1

防寒シンプルモダン | 09-11

防寒草履という実用のアイテムに、ヒョウ柄の鼻緒をつけることで、途端に大人のチャーミングさがぐぐっとアップ。そもそもは雪道などを歩くときに履くものだから、室内では普通の草履と履き替える。だからこそ、鼻緒は格にこだわらず、おしゃれに徹してチョイスを。

防寒爪皮つき 本革の台／ヒョウ柄 鼻緒

防寒エレガント | 09-12

オットセイファーのフワフワ感に胸ときめくが、単におしゃれなだけでなく、水気をはじくオットセイの毛は雪道を歩いても暖かく足もとを守ってくれる。雪国では必需品の履物だが、雪が降らなくても冬のブーツのように、カジュアルな装いに履いてみたくなる。

防寒爪皮オットセイファーつき 本革の台
黒×黄 格子 インドネシア・ロンボク島の布 鼻緒（oteshio）

oteshio's basic
- Part 9 -
きれいな着姿は履物選びから

ネコだって知っておきたい

着物で動いていて一番の苦痛は、足に合わない履物を履いていること。がまんして履き続けると、歩き方も立ち姿も見苦しくなるもの。履きやすい草履、下駄選びで足もとが軽やかになれば、自然と着姿がきれいになります。

◉ 足に合った履物選びのポイント

最も注意すべきはサイズ感です。下駄・草履のサイズは、前ツボ（写真a、親指の股）から、かかとまで。靴のサイズは参考にできないので、必ず履いて自分サイズを確認して。

c：台
b：鼻緒
a：前ツボ

Point

- 草履も下駄も、履いたら必ず歩いてみること。草履を買うときは足袋で履くこと。
- かかとがすっぽり収まるサイズは選ばない（P135）。
- 横幅は関係ないので外反母趾がある人にとって、和の履物は選びやすい。
- 良い履物はメンテナンスができるお店で買うことが必須。
- 鼻緒の調整で履き心地がまるで違ってくる。サンダルの紐と同じく、鼻緒がきつ過ぎると足指や甲が痛くなり、ゆるすぎても歩きづらい。
- 買うときに自分の足に合わせて鼻緒をすげてもらうと、心地良く歩ける履物になる。もし鼻緒の調整をしてくれないお店ならば遠慮した方が良い。
- 定期的なメンテナンスで、履物の寿命はぐんと伸びる。とくに草履の底はメンテナンスで早めにケアすると、長く履ける。

最近の人は、足の指が長い人が多く、靴のサイズが大きくても、下駄・草履は以外に普通だったりする人も。

◉台の素材と形

本革エナメル
フォーマル〜セミフォーマル、通年。

麻
セミフォーマル、盛夏向き。

籐表
セミフォーマル〜カジュアル、盛夏向き。

畳表
セミフォーマル〜カジュアル、通年。

色の畳表は「烏」とも。通人好み。

塗り
カジュアル、通年。

本漆塗り、他に津軽塗などもあり。

焼桐
カジュアル、通年。

白木（しらき）
カジュアル、春夏向き。

胡麻竹
カジュアル、春夏向き。

◉ 下駄の形
スタンダードはこの3つです

舟型（ふながた）
草履のようななめらかな形で、エレガントなデザイン。

右近（うこん）
サンダルのような歩きやすい形で着物を選ばないデザイン。

駒下駄（こまげた）
二枚の歯がついた形で、台と歯が一枚板。マニッシュなデザイン。

◉ 好みの鼻緒にする

草履の鼻緒は、TPOで選ぶ。セミフォーマル～カジュアルに履ける草履や下駄は、着物のお誂えで残った生地、洋服地など、好みで楽しめる。ちなみに鼻緒に必要な布は31cm（反物幅）×10cm以上です。

Point
- フォーマルの場合は格のある鼻緒を選ぶ。
  格のある鼻緒…金銀が入った礼装用。五嶋紐（P108）や名物裂、台と共素材であしらったもの。
- きれいなリボンも鼻緒にできる。フランス製やアジアの手仕事製など柄もさまざま。
- 前ツボの色は、小さいけれど目立つアクセントポイント。フォーマル系は鼻緒と同系色でなじませ、カジュアル系なら、反対色で遊び心を加えても。
- 鼻緒の裏地は、通年履くものならビロードなどの足袋の滑りもよく、季節を問わない素材がおすすめ。
- 鼻緒の太さは、細いものより太い鼻緒が、よりカジュアルな感じに。

右・水色の爽やかな絵柄は紅型の鼻緒で、浴衣にぴったり。左2つはお米の刺繍がほどこされたキュートな鼻緒で、カジュアルな下駄向き。

タイの山岳民族・トン族が手がけたハンドメイドのリボンを鼻緒にしたもの。立体感があり表情豊か。塗りの下駄、防寒草履にも合う。

10

小物コーデ
ACCESSORIES
COORDINATE

　小物は、その人らしいライフスタイルや個性が強くあらわれるアイテムです。着物も洋服も、ひとしく身につける衣であって原点の好みはそう変わらないもの。「自分好みの着物テイストって何だろう？」と迷うビギナーは、いつも愛用しているバッグのテイストが自分好みの一つの目安になるはずです。
　バッグやめがねは、洋服と「兼用」で使いまわして。ときには着物にコーディネートする視点から選ぶと、思わぬ発見があっておしゃれを刺激することも少なくありません。
　トラディショナルな着物に対し、「今」を意識した新鮮な着こなしができるのも、小物コーデの見逃せない魅力です。バッグやめがねコーデでは、ファッションの「トレンド感」を加味できたり、さらに帯留めコーデでは自分の「今の気分」を託して表現したり。いつもの着こなしをちょっぴりときめかせ、おしゃれ気分を高揚させてくれる小物を、どう取り入れるか。リアルに役立つアイテムをセレクトして、実例コーデでご紹介します。

CHAPTER 1

小物コーデはシンプル+αがおすすめ。1点投入するだけで、「らしい」存在感がぐっと際立つように。

※コーディネート実例はすべて私物なので、ブランドよりも、サイズやデザインのマッチングをご参考にして。

10 ACCESSORIES COORDINATE

BAG

ふだんBag

基本として和洋兼用できるように、洋服バッグを選ぶ際に「着物持ち」を意識してみて。1つ注意する点は、持ち手部分の長さ。肩にかけるような長めの持ち手は着物姿にはアンバランスに。もちろん肩掛けスタイルもNG。荷物が多い日に使う大きめバッグも、持ち手が短めだと着物スタイルになじみます。

シンプルモードな手提げ | 10-1

公私で使える網代トート | 10-2

モダンなブランドのバッグは、シンプルでいてディテールのデザインにひと工夫があり、着物姿に合わせると新鮮な風を吹き込んでくれる。これはイッセイミヤケ「プリーツプリーズ」の初期のバッグ。小さく折りたためるので、荷物が多いときのサブバッグとしても、かなり重宝。

網代のトートバッグ。草履でもそうだが、網代は夏だけでなくシーズンを超えて活躍してくれる優れもの素材。これは雑誌も入るので、お仕事バッグにもすんなり使いまわせる。型くずれのしないバッグは、きちんと感があり、お召や江戸小紋などシンプル系コーデと好相性。

CHAPTER 1

実力ありのかご小バッグ | 10-3

葡萄のツルで編んだ、かごバッグ。内に巾着がついて、意外と荷物が入る実用性も高ポイント。葡萄のツルは使うほどに味わいが出てくるもの。着物も洋服も素材感のあるアイテムを上品に引き立てる。

クラフト感で魅せる手提げ | 10-4

残革を使ったパッチワークバッグ。持ち手が小さく、横長の形も着物に合うデザイン。革の色バランスや手作りのナチュラル感が、紬や木綿の着物などにやさしくなじむ。

ベーシック美のかごトート | 10-5

着物でも洋服でもカジュアルコーデならそつなくサマになり、大活躍するトート型かごバッグ。山葡萄のツルを使い「乱れ編み」という技法で作られた網目が、表情豊かな個性を添える。収容量の多さもうれしい。

おめかし Bag

パーティー会場やレストランなどで手もとを彩る、大人のおめかしバッグ。クラッチバッグなど小ぶりなワンハンドルタイプは、全身とのバランスがポイントで、持ち姿を鏡でチェックして選びたい。色数は少なく、クール系とフェミニン系の甘辛テイストを使い分け、存在感を品良くアップして。

端正な三角バッグ | 10-6

ちょっと変わった台形型のハンドバッグは、着物にぴったりの「持ち手短め」タイプ。パナマの品の良い素材感も魅力で、少し若めの柄コーデなどに合わせると、落ち着きのある着こなしを演出してくれる。横長で底辺が広く荷物もそこそこ入り、縁どりなどの要所に上質レザーがほどこされ、しっかりとした造作も頼もしい。

魅惑のビーズバッグ | 10-7

ハンドメイドのフランス製アンティークビーズのバッグ。アンティークのパーティーバッグは、着物アイテムには狙い目で、センスの良い古着屋さんで探すのも手。とくにアンティークビーズのバッグは、色無地などのハレの着物にも洋服にもフォーマルにすごく映えるので、見つけたら手に入れておくと役立つ。

CHAPTER 1

きらめくアートバッグ | 10-8

チャーミングな彩りのビーズバッグは、バッグブランド「ジャマン・ピエッシュ」のもの。アートテイストのバッグは装いのアクセントに有効。持ち手は長めだが、縦長デザインで着物とのバランスもOK。

清々しい夏のクラッチ | 10-9

麦わら帽子の素材で作られた夏向きのクラッチバッグ。黒リボンをアクセントにしたデザインのシンプルさが、夏着物の女らしさを際立ててくれる。チケットや携帯、お財布だけをまとめてコンサートや観劇を軽やかに楽しんで。また数寄屋袋のように使っても。

フェミニンな秋冬バッグ | 10-10

フェルト地にスパンコールをちりばめた存在感のあるバッグは、日常使いとしてサイズ感も絶妙。華やかさのなかにもぬくもりがあり、秋冬の着物やコートに持つと、おしゃれなアクセントに。

クラシック調のクラッチ | 10-11

アールデコ調ファッションの香りがする気球モチーフのバッグは、シックな着物を際立てるように、アクセサリー感覚でコーディネート。ヨーロッパのクラシカルなデザインのバッグは、古典系やモダン系の着物を小粋に見せる。

10 ACCESSORIES COORDINATE — MEGANE

めがねコーデ

観劇のときなど用途に応じてワンポイントで使うものを含めて、顔の一部になるめがねは、おしゃれ威力抜群のアイテムです。選び方の心得としては、①フレームは着物選びと同じく、10年20年愛用できるものを選ぶこと、②なるべく着物を着て選ぶことをおすすめ。髪形も着こなしもシンプルな着物姿に似合うめがねは、洋装でもほぼ似合うものですから。

きれいめ伝統色のめがね | 10-12

日本の伝統色をデザインに取り入れたoteshioオリジナルのめがね。日本人の顔に合ったフォルム、肌色に合った和の色合わせが特徴。浅葱色の紬に合わせためがねは、藍鉄色×縹色と、フレームの正面とサイド部分に2つの伝統色が配され、着物との同系色コーデできれいになじむ。とくに髪をまとめるスタイルが多い場合は、めがねのサイドカラーも意外とインパクトがあることも心に留めて。

知的なトラッドめがね | 10-13

チャコールの江戸小紋と組み合わせたのは、フレームのフォルムも色もトラッドテイストなめがね。クラシカルなデザインのめがねは、シックな色の着物コーデと好相性。めがねの色は黒より、茶系を選ぶとやさしい印象に。エレガントにもカジュアルにも合うが、柄コーデでは模様のにぎやかさを引き締め、大人キュートに落ち着かせてくれる。

上品モードなめがね | 10-14

初対面でさりげなく印象づけたいときは、良質デザインのモード系のめがねが役立つ。淡いピンクの着物に合わせたのは、フランスのめがねブランド「トラクション」製のもの。正面はシンプルなべっ甲色に対しサイドに赤が配されたアクセントで、全体のエレガントコーデにほどよく歯切れのよさが生まれる。大人のモードめがねは、ディテールのおしゃれがポイント大。

帯留めコーデ

帯留め使いが素敵だとセンスの良い人に見えて、ビギナー憧れのアイテムです。コーデのコツは、①ストーリーをもたせて合わせる、②素材感で合わせる、③ブローチやアンティークボタンなど帯留め以外のアイテムを用いる、と大きくこの3つ。帯留めを通す紐でまた雰囲気が一変、色を効かせたりなじませたり、そのプロセスも心躍るものです。自分だけの愛おしい帯留めコーデを、着こなしのスパイスに取り入れて。

海辺の帯柄に「貝」の帯留め | 10-15

前帯に描かれた波や海辺の昼顔からストーリーをつなげ、「貝」のブローチを帯留めに銀細工作家の手によるシンプルで品のあるフォルムのブローチは、帯柄と組み合わせて帯留めに用いられ、より清涼感のある輝きに。ピンクの三分紐が大人のかわいらしさを添えて。

銀細工 貝 ブローチを使った帯留め（山崎航）
桜色 三分紐

ツバメの着物柄に「羽根」の帯留め | 10-16

藍地の浴衣に描かれたツバメの意匠に合わせて、銀の羽根のブローチを帯留めに使って。鳥の羽根をモチーフにした帯留めは、季節を問わず使えて重宝する。浴衣に名古屋帯を締める際は、ふつうの帯締めではやや重たくなりがちだが、三分紐を用いる帯留めのコーデは軽やかになじむ。

銀細工 羽根 帯留め（山崎航）
臙脂色×練色 三分紐

CHAPTER 1

ざっくり麻地に「木彫り」の帯留め | 10-17

縞の夏帯は、帯留めコーデがひと際映えるもの。ざっくりとした素材感が魅力の対馬麻の帯に対し、木彫りの帯留めを取り合わせて。自然素材の力強さをさりげなくマッチングしたコーデに。木彫りのモチーフは「龍」で、自分だけのお守りのような愛おしさが湧く。

漆をほどこした古い木彫り 龍 帯留め
臙脂色 三分紐

龍の帯柄に「玉」の帯留め | 10-18

山吹色の艶やかな帯地に、ぱっと目を惹きつけるマットな黒みがかった玉は、遺跡から出土したトンボ玉の帯留め。帯前に描かれた龍の椀に、「龍に玉」とストーリーをつなげた帯留めコーデ。単色のシンプルな帯留めは、柄物に合わせやすい。

濃紺色 トンボ玉 帯留め
灰色 二分紐

oteshio's basic
- Part 10 -

ネコだって
知っておきたい

半衿のおしゃれ

衿もとに見えるのはほんの少しの分量ですが、洋服でいえばネクタイのように、顔の近くを彩る重要アイテムで、おしゃれの演出効果は絶大。肌色と着物の色を仲介する役割もあり、色柄選びが大事です。

● ベーシックな衿

白い半衿はもともと晴れ着用として慶事や法事など式服に必ず用いられてきたもの。普段着着物に白衿をつけると、キリッと締まり、清潔感のある装いになるのが魅力です。

Point

- ひと口に白といっても、青っぽい白や黄みのある白があり、年齢に合わせて肌の色に合った白を選びたい。
- 素材もいろいろあるが、夏以外一年中使える塩瀬が一般的。夏の着物には、絽や麻の薄地の衿がふさわしい。
- 絹地以外に、ポリエステル製の白衿などは洗いやすく、使う機会が多い人にはおすすめ。
- よそゆきのシンプルコーデに、少しだけおしゃれの引っかかりを加えたいとき、さりげない単色の刺繍衿をつけて。
- 江戸小紋や色無地などをドレスアップするときに、凝った刺繍衿をつけると、シックな色合いの着物ほど衿の華やぎがぐっと際立つ。

色無地に合わせた白ベージュの半衿。地紋が入った生地で、奥行きを感じさせる。

入学式など式典には派手過ぎず、地味過ぎない、さりげない金銀刺繍を選んで。

パーティーコーデには、あでやかな刺繍衿を配して。宝石よりもセンス良く華やぐ。

◉ アクセサリー感覚で選ぶ色衿

色柄の衿は、アクセサリー使いと同じで、値段ではなく、好み、センスで選ぶ。帯揚げ、または帯締めの色に合わせると失敗しません。

Point

- 柄衿ビギナーは、地紋入りや細縞の半衿などシンプルな文様からが用いやすい。
- 縮緬や絞りなどボリュームを感じさせる生地は、ふっくらとした衿もとになり、着慣れた感じが演出できる効果もあり。
- とくに結城紬などのほっこり感のある着物には、半衿にアイロンはびしっとかけず、ふわっとしたやわらかい感じの半衿をつけると調和しやすい。
- 衿の素材は古い襦袢をリメイクして使ったり、紅型など手仕事の衿も重宝。

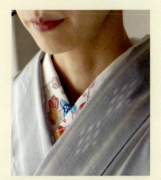

落ち着いた着物に、紅型のビビッドな半衿を大胆に配して。帯色と合えばすんなり。華やかな半衿があればおしゃれ上手に。

ペパーミントやピンクなどのペールトーンの半衿は、肌の色をきれいに見せる色で、顔のそばに配する半衿は、より効果的。

細縞の衿を太い縞の着物に合わせて。衿は立て板絞りの半衿。絞りの半衿はふっくら感が醸され、紬の着物になじみが良い。

左と同じ細縞の半衿を、手仕事感のある藍の薩摩木綿に合わせると、ぐっとモダンな印象に。半衿のおしゃれ効果が一目瞭然。

CHAPTER 2

着こなし スタイルアップ

dressing well 30 hints

賢く、素敵に

着こなしヒント 30

oteshioの店ではおしゃれ好きが集まって「これいいよ」の情報交換をします。
簡単でラクな着つけのコツや便利グッズ、押さえておくべき常識やひと工夫などなど。
みんなの実感で得たグッドヒントから、大人の着物コーデに重宝しそうな
着こなし術を30ピックアップしました。

ヒント
1

コーディネート帖を作る

手持ちのアイテムをスタイリングして、季節のコーディネートや着物まわりの小物を写真に撮ってファイリングしてみましょう。まとめてみると、自分の好みの傾向、大切にしているアイテムなどを再認識することができて、新しい発見も。お買い物をするとき自分のコーディネート帖があれば本当に必要なものがわかりやすく、つい同じような色柄を買ってしまうという失敗も防げます。

配色をテーマにおしゃれ帖を作ってみても。
記録することで、アレンジ力もつく。

ヒント
2

マイサイズは襦袢を基準に

よくあるのは着物を誂えるたびに採寸した数字が微妙に違ってしまい、手持ちの着物と襦袢のサイズがバラバラになるという不具合。そうならないためには、長襦袢を自分の基準サイズにして手帖などに記しておくこと。マイサイズの長襦袢を着ることが、簡単に着つけ上手になるコツでもあります。

[必須のサイズ]
身丈（おはしょりを分を加えた着物の丈）、裄（肩幅＋袖幅）、バスト、ヒップの4サイズ
身長と手の長さだけの簡易採寸がありますが、それは危険。最近は体が細く、手が長い人が多いので、手の長さを目安に長襦袢を誂えると身幅が広くなって、着つけがきれいに決まりません。

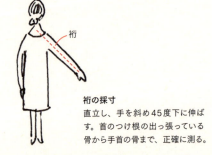

裄の採寸
直立し、手を斜め45度下に伸ばす。首のつけ根の出っ張っている骨から手首の骨まで、正確に測る。

ヒント 3

実例！お誂えの賢いおしゃれ計画

長く着られる上質な着物をお誂えするとなると、そう安価ではありません。だからこそ、いっぺんに揃えずに、お気に入りを一つ一つステップを踏んで買い足していく。そんなスタイルを楽しむお誂えは、逆に心がワクワクときめくもの。無理なくお誂えするために、着る人それぞれの着るシーンを考えたリアルなコーディネートから、ステップごとの「ウィッシュリスト」をピックアップ。実例のおしゃれ計画をご紹介します。

[ケース①] 30代・主婦
フォーマルコーデからはじめる

着るシーン：子どもの入学・卒業、七五三など家族のイベントに

1step…無地ライクな袷の江戸小紋（または色無地）＋長襦袢＋金銀少なめの袋帯
2step…名古屋帯（1stepの着物に合った色柄）
3step…ベーシックカラーの無地の羽織

子どもの入卒をきっかけに、3年計画で着物＋帯＋羽織の一式をお誂え。節目に着るハレ着としては、ドレスよりも頼りになる。

[ケース②] 40代・会社員
カジュアルコーデからはじめる

着るシーン：浴衣で花火大会や気軽な食事会などや、紬や江戸小紋で観劇に

1step…浴衣＋半幅帯または名古屋帯
2step…木綿など単衣の織りの着物＋長襦袢（1stepの帯に合った色柄）
3step…[さらにカジュアルコーデに進む場合]紬など袷の織りの着物／[ここでフォーマルコーデに進む場合]袷の江戸小紋（または色無地）

ヒント 4

体形別の反物選び

反物を選ぶときは、自分の体形に合った色柄選びもポイント。全体バランスで映える柄を選びましょう。

[小柄な人向き]
タテに流れる模様、全体に小さめの柄がすらりと見える。

[ふくよかな人向き]
濃いめの色で、曲線の柄づけを選ぶと引き締まって見える。

[背の高い人向き]
大きな柄づけが映える。ヨコ段の縞などもバランスが良い。

dressing well
30 hints

ヒント
5

1本あると便利な付け帯

ビギナーにとって着つけのなかでは「帯結びが苦手」という意見が多数。そんな弱点をカバーしてくれるのが、着つけ時間5分！が実現できる、付け帯（作り帯）。胴に巻きつける部分と、お太鼓の部分の2つに分けて仕立てられた帯は、巻きつければ帯の形になるので、びっくりする簡単さ。旅行にも便利で、また急ぎのときに1本あると、とにかく重宝です。厚手の生地が向いており、古い袋帯をリメイク（P95）したフォーマルの付け帯と、洋服地やアジアの生地など異国系の布でカジュアルなものと、2タイプあると便利です。

ウズベキスタンシルクでピロード織りのカジュアルな帯。自分の体に合わせて作った付け帯は締めやすい。

[付け帯の結び方]
①前帯は紐のついている側を下にして、胴に巻く。結んだ紐は帯の内側に入れ込む。
②お太鼓の中に帯揚げとセットした帯枕を入れる。背にしょって帯枕の紐を引いて体に密着させる。
③帯枕の紐を引いて前で結ぶ。帯揚げを整える。
④お太鼓に帯締めを通して、帯前で結ぶ。
⑤出来上がり。

ヒント
6

おしゃれ度1up！柄物の八掛け

袷の着物の裏地になる八掛けは、歩いたり座ったりするときに裾からチラッと見えるので、着物との色合わせが大事になってきます。同系色の濃淡で配色するのがスタンダードですが、フォーマル以外の着物なら、柄物を選ぶという手も。表が無地の着物に、歩くと裾から八掛けの小紋柄が見えると、はっとして目が釘づけ。ひと味違ったおしゃれになります。

菜の花色の色無地の八掛けは、同系薄色の生地に花モチーフの染め柄をほどこしたもの。

濃紺の紬の八掛けには、帯とお揃いの染め柄を合わせるという洒落っ気。

CHAPTER 2

ヒント 7

着物に合うアクセサリー

ピアスは衿の美しさを損なわない粒タイプなど小ぶりのもの、手もとにはシンプルなリングや繊細なチェーンブレスレットなど。あくまでも主役の着物の隠し味として、さりげないデザインを選びます。ただしブレスレットは高価な器や布を扱う場には避けたほうが無難です。

ヒント 8

スカーフを帯揚げに

配色の美しいシルクスカーフを帯揚げに使ってみると、いつもの帯も新鮮な表情に。化繊スカーフの素材感は帯揚げには不向き。

ウィットに富んだ絵柄のエルメスのスカーフは、帯揚げにしてもスタイリング映えする。

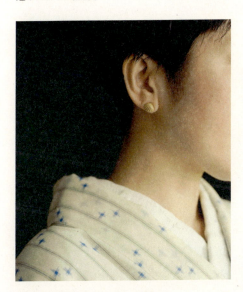

夏着物には貝殻のピアスで耳もとも涼やかに。

ヒント 9

羽織紐は色違いでも

羽織の紐色は、帯を選ばない淡い色合いがベーシック。帯コーデに合わせ、左右の紐色を付け変えて小粋に。

おめかしコーデにはピンキーリングで品良く。

江戸小紋のグレーに合わせてシルバーのピアスを。

左右で色違いの羽織紐で。

ヒント 10

外出時の身支度

着物を触る日は、爪をきれいに整えておきましょう。着物の刺繍や帯の織地に爪が引っ掛かって糸が引きつれることもあるので、注意して。

[携帯したい救急アイテム]

- 「両面テープ、安全ピン、絆創膏、予備の足袋」の4点セット

ドアノブに着物の袖を引っ掛けてほつれることもあり、両面テープや安全ピンで応急処置。爪のささくれやちょっとのケガで血がにじんでいると、着物や帯を知らない間に汚してしまうので絆創膏を。また移動中に足袋を汚すことも多いので、足袋カバーをしていても予備を持っていると安心です。

ヒント 11

袖から長襦袢が出たら、10円玉と輪ゴム

長襦袢が着物の袖からずれてしまうとき、襦袢の袖に10円玉を入れて輪ゴムで留めて応急手当(下図)。袖口のはみ出しには襦袢袖の上辺(a)、たもとのはみ出しには襦袢袖の下辺(b)をつまんで調整。

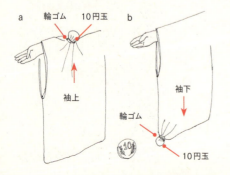

ヒント 12

着物の日のふるまい

着物を着たら体の動きやすしぐさも、「和」のスイッチに切り替えて。とくに歩き方。着物で素敵な歩き姿というのは、洋服のときと違ってきます。ポイントは「腰をひねらず、上半身をできるだけ動かさずに歩くこと」。体の芯がブレない着物に合った歩き方をしていると、着崩れがしにくい点も特筆できます。洋服よりも歩くスピードが落ちるので、いつもより「+30分ゆとり」をもってスケジュールを組みましょう。

ビギナーのうちは右手を太腿に添えるようにすると、上半身がブレずにすすーっと歩ける。

[着物姿で気をつける所作]

- 大股、外股の歩き方 ⇨ 意識をして内股で、歩幅も小さく。
- 遠くの物をとるとき、タクシーを止めるとき ⇨ そのまま腕を上げると袖から肘まで出てしまうので、片方の手でそっと袖口を押さえて。
- 椅子に座って立ち上がるとき、トイレに行った後、車の乗り降りの後 ⇨ 後ろ帯のタレが上がりがちなので気をつけて。着物で動いているときは、タレに手がいくように癖づけると良い。

CHAPTER 2

ヒント
13

羽織のきれいな所作

羽織をさらりと美しく脱ぎ着することができたら、着こなし上手に見られます。素敵に羽織るコツはカーディガンのように、軽く肩に引っ掛ける感じで着こなすこと。そのときの重心は腰。無理に肩や腕で着ようとすると、腕が突っ張って、優雅ではありません。腰をまっすぐ伸ばして羽織りましょう。

①
左右の衿を重ね整え、背側にまわし、後ろ手に持つ。

②
カーディガンを羽織る感じで、肩に掛けてから袖を通す。

③
あまり肩を意識し過ぎず、腰を軸にする感じで着ると、すっと首が伸びて着姿がきれい。

ヒント
14

羽織のたもとの重り

羽織は、肩から袖にかけての生地の落ち感がシルエットのポイント。羽織の袖から着物が出ていると見映えが悪いもの。一番下に着る長襦袢の両袖に、ハンカチや小さめの手拭い、匂い袋などを入れて重しにしてみて。羽織のたもとが落ち着きます。

ヒント
15

下駄の履き方

下駄も鼻緒も、鼻緒の前ツボに足の指を引っ掛ける感じで、指のつけ根まで入れません。かかとも台から5mmくらい、はみ出る感じで浅く履きます。

親指に力を入れて前重心で歩くのがコツ。

ヒント 16
雨の装いのひと工夫

着物の日の雨傘は、おしゃれより実用を優先して、華奢で女性らしい傘より、男物くらい大きめの傘がおすすめ。できるかぎり着物を濡らさないようにしましょう。

また雨の日のお出かけは下駄が良いのですが、草履を履くなら前もって裏面にガムテープを貼って防水に備える手も。草履の裏には鼻緒を調整する切り込みがあり、そのまま履いて雨が降ったら裏から水が染み、足袋まで濡れてしまうのです。

雨の日はとくに階段にご注意を。裾先を少し持ち上げ、斜めに足を運ぶ。

ヒント 17
盛夏の汗どめにハッカ油

健康的で手軽にできる暑さ対策が、静かなブームになっているハッカ油です。使用すると「スースーする清涼感」を感じることで体感温度を下げて発汗を抑える効果があるそう。oteshioのおすすめは、天然素材で作られる地元・北海道の「北見のハッカ油」。暑さにひるみそうになる盛夏の着物に、じめっとしがちな梅雨どきの装いにも、ミント特有のクールな爽やかさで、心身ともにリフレッシュできます。

[ハッカスプレーの使い方]

- スプレーボトルに水約100ml、ハッカ油1〜2滴を加えてよく振り混ぜる。長襦袢を着たところで足の膝裏に吹きかける。指先を濡らして耳の後ろにつけても。
- ハッカ油は必ず薄めて使う。ピュアオイルなので顔や着物には直接振りかけないように気をつけて。

ヒント 18
冬の防寒小物

首まわり、手首、足首の「3つの首」が防寒の要所。とくに着物は袖口が広いので長めの手袋、できれば肘上までの長手袋があればベストです。首まわりにはショール、足首はレッグカバーをつけて。下着の下にレギンスを履く場合は、着物から見えない丈を選びましょう。

CHAPTER 2

ヒント
19

着物とネイル

指先の彩りは意外と着物コーデのアクセントになります。濃茶の色の着物にベージュのネイルなど、同系濃淡の大人カラーのネイルでモード感を出したり、おめでたい日の装いには、さりげなくネイルデザインを吉祥柄に。下駄を素足で履くときのペディキュアを浴衣柄にペイントしても楽しい。

ヒント
20

胸の補整アイテム

「着つけの道具はなるべく少なく、体に負担をかけない」がoteshioの信条。体のラインに合わせて、必要であれば手拭いやタオルなど身近なもので工夫ができるので、補整のための器具は必要ありません。
着物では胸もとをすっきりさせると衿合わせがきれい。バストの豊かな人は胸をおさえてなだらかにして着つけるために、さらしを使って胸に巻くやり方がありますが、さらしが手に入らなければ手拭いを2枚つなげて補整に使って。和装ブラは要りません。

バストの豊かな人は補整に2枚の手拭いの端を縫いつなげ、胸にきっちり巻いて布端は内に折り込む。

平均的なバストの人は腹巻きを使うとほどよい補整に。

ヒント
21

腰紐を使いやすく

着つけに時間がかかる人は、段取りを見直して。とくにスムーズに手が動くように下準備がとっても大事。着物や帯、小物類をさっと取れるように着る順に並べておくと着やすくなります。紐類は、すべて真ん中を持つので、紐の中心に印をつけておくと、さっと手に取れて助かります。

紐の真ん中に赤など色糸で縫い印をつけておく。

[腰紐の畳み方]
五角形の畳み方は、シワが伸び、次に使いやすい。

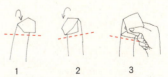

①紐はまず半分に畳み、端から斜めに折る。
②さらに斜めに折る。
③五角形に折っていき、最後は輪の中に端を入れ込む。

ヒント

22

和裁師さん直伝、簡単きれいな半衿づけ

薄物の着物のときは糸目が透けるので、ザクザクの縫い目だと目につきます。
普段から、仕上がりがきれいな付け方を身につけておくと安心です。

[半衿の縫い方]

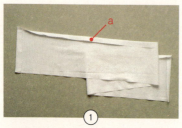

①
表になる側を決め、アイロンをかけて折り線（a）を
つける。衿中心2cm～衿先1cmくらいが目安。

②
半衿と襦袢を背中心で合わせ、中心から衿先へ
引っぱり気味に、まち針で留めていく。

③
折り目から2mmほど内側（b）を縫う。背中心から両
側10cmくらいは細かく、他はザクザク縫いでOK。

④
③が縫い終わったら、反対側に衿をかぶせて、
表側と同じ要領でまち針で留めて縫う。

ヒント

23

着つけ小物は自分アレンジも

帯枕がないときはハンドタオル、ヘチマやスポンジ、
衿芯や帯板はクリアファイルや厚紙で代用できます。
また襦袢の下に着る和装下着に代えて、洋服の肌
着を使っても。とくに旅先で用意し忘れてしまった
ときは、手に入るものでカバーして。自分で工夫し
てみると「これでもいいんだ」と、小難しく考えがち
な着つけのハードルが自然と低くなるはず。

冬の下着は機能性の高いプチプラの肌着やスリップ
で代用。線の出ない滑りのよい素材を選んで。

CHAPTER 2

ヒント
24

半衿の重ねづけ

半衿をつけたい長襦袢は1つの場所に集めておき、ひまになったときにまとめ縫い。1つの長襦袢の衿に2〜3枚重ねづけして、ひと手間かけておくとラクに衿もとのおしゃれが楽しめます。

一番下は白の衿をつけ、その上に色柄の濃い順に重ねづけするのがポイント。1、2回使って汚れたり飽きたら衿だけ外して、数回着まわせます。半衿づけを省略できるので、そのぶんコーディネートを楽しむ余力が出てきます。

糸をほどくだけで衿替えが簡単にできて、ラクラクおしゃれ。旅先などで着物を着るときにも便利。

ヒント
25

着物と帯のシワがつかない畳み方

着物は余分なシワがあると、せっかくの美しい布の魅力が損なわれます。袖が折れないように3つに畳むと、出し入れしやすくなります。帯は、締めたときにシワがよらないように、お太鼓や前帯のところに折り目が出ないよう気をつけて畳みます。

[着物のシワにならない畳み方]

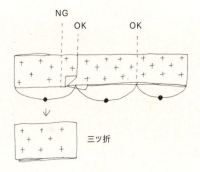

三ツ折りにすると洋タンスにも収納しやすい。

[帯のシワにならない畳み方]

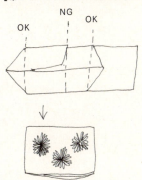

お太鼓や前帯に折り目がかかるなら折り返しを変える。

ヒント 26

便利なバスタオルハンガー

100円ショップで買えるバスタオルハンガーは横幅が広いので、着物ハンガーとして重宝です。衣紋掛けや着物用ハンガーは、着物を着る日以外はしまっておく場合が多いようですが、このバスタオルハンガーは普段のお洗濯にも使えるので、安価だけでなく使い勝手も◎。

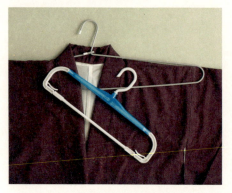

横幅が広いバスタオルハンガーは、着物や帯の虫干しや家で洗う長襦袢も干せる。伸縮性タイプもあり。

ヒント 27

アイロンがけのコツ

着物や帯のシワを伸ばすときは、スチームは絶対使わず、生地に直接アイロンを当てないようにします。ドライのアイロンを高温設定にして、手拭いなどで当て布をして一気にかけます。生地目を斜めに置いてかけるとシワができるので、アイロンは布目に沿ってかけるよう気をつけて。また木綿着物など厚手の着物のシワをとるには、寝押しも有効です。

ヒント 28

しまう着物にA4用紙を挟んで

夏着物など薄地の着物は、きれいに畳んでいてもたとう紙に入れてタンスに移動している間に、細かいシワがよってしまうことも。袖の中、衿の重なるところなど、生地と生地が重なる部分にＡ４用紙を挟んでおくと、形くずれやシワの防止になります。

紙にシワが入っていたら着物にもシワが移るので、はさむ紙はシワのないものを使って。

CHAPTER 2

ヒント
29

持ち運びに便利な携帯たとう紙

着物、帯、長襦袢などがシワにならずにコンパクトに収納できる「携帯たとう紙」はoteshioでも愛用者多数のアイテム。お出かけ先で着替えたいときに和装バッグがなくても、これがあればキャンバスバッグやキャリーバッグにも入り、きれいに持ち運べる安心アイテムです。

[携帯たとう紙の簡単な使い方]

①パタパタと中の台紙を広げて着物をおいて三ツ折りに。
②脱着テープでぴたりと留めるだけ。

ヒント
30

らくちん着物旅バッグ

着物を持ってプチ旅に。そんなときにぴったりの着物バッグが、ナイロン製のヘルメット用バッグ。三ツ折りにセットした着物たとう紙や、ポケットには履物まですっぽり入る大容量で、しかも強度があり軽量な作り。大げさ過ぎず、カジュアルに普段に持てる、かなり頼もしいバッグです。

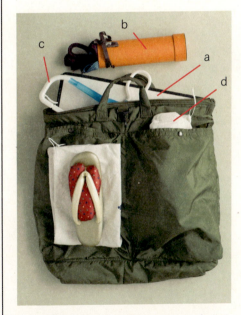

oteshio愛用品は、アメリカ空軍のヘルメットバッグ。ネットで購入する人が多い。

a. 携帯たとう紙（着物、帯、長襦袢セット）、着つけ小物は袋物か風呂敷でひとまとめにして。
b. 帯揚げ帯締めはスカーフの紙管に収めて。
c. 伸縮性のハンガーもイン。
d. ポケットには靴袋に草履を入れて。

oteshio's style

ラクかっこいい
〈 着つけレッスン 〉

着つけの一番の目的は、自力で、着物をおしゃれに着てお出かけできること。最速で外に着て出かけられるように、これまでoteshioでお客さまに教えて大好評を得てきた、ラクで、すっきりかっこいい＝「ラクかっこいい」着つけ方をご紹介。難しがってやると余計な力が入って手が動きにくいもの。とにかく笑顔で、ラクな心持ちでチャレンジしてみると、短時間で驚くほど着つけ上手になりますよ。

[ラクに着るための心がまえ]

• 段取りを大切に
着つけを危うくするのは慌てること。「あれがない、これがない」と焦らないように、着つける前に必要なものを揃え、使う順に並べましょう。

• 流れを覚えて、手つきを真似る
着物を着たり帯を結んだりする手順は、ネクタイ結びと同じで、体で覚えるのが一番。
＊全体の流れをざっくりつかんで着たいときは、**本書カバー裏[着つけの流れ]を使って。**

• いじり過ぎない
全体の着姿がおかしくなければ、細かいところをあまり直し過ぎないこと。

• 着くずれを調整しやすく着つける
着くずれできないほどガチガチに着つけては、長く着ていられないもの。体にラクになじむ着つけは、着て動いて、着くずれても手直しがしやすく疲れません。

[着る前にやっておくこと]

- 着るもの一式を出して、着物はハンガーにかけておく。
- 長襦袢に半衿をつけておく。
- 履物を玄関に出しておく。
- 着つけ道具（右ページ）を揃えておく。

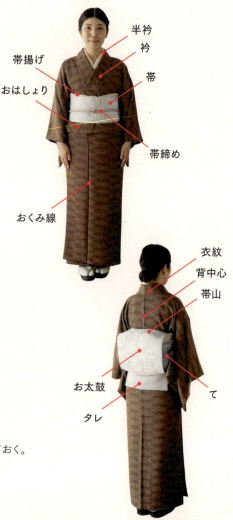

[着物の名称]

半衿・衿・帯・帯揚げ・おはしょり・帯締め・おくみ線

衣紋・背中心・帯山・お太鼓・タレ・て

CHAPTER 2

[必要な着つけ道具]

着つけに使う道具はこれだけ。シンプルなものを最小限に。一般的な体形ならば、補整道具は必要ありません。

a．衿芯 … 1個
b．クリップ …1 〜 3個
c．紐 … 3本（腰紐、胸紐、仮紐）、モスリン製
　※長襦袢に縫いつける紐もあると便利
d．伊達締め … 2本、絹製
e．帯板 …1個（長めのサイズだと帯前がきれい）
f．帯枕個 …1個（平たく長めのサイズだと帯山がきれい）約130cm長さのガーゼにくるんで使う

[衿を美しく決める紐]

長襦袢の背中に縫いつけた紐は、衿もとをラク〜にきれいに決めてくれる魔法の紐！衿もとがぐずぐずしたり詰まり過ぎたりといった、ビギナーの悩みどころも、この紐があれば解決です。着つけの前に、襦袢の背中に縫いつけておくと便利です。

衿から18 〜 20cmくらいのところに紐を縫いつける（または安全ピンで留める）。着つけ方はP144。

oteshio's style

ラクかっこいい着つけ

長襦袢を着る

長襦袢のポイントは、衿を決める紐、胸もとをきれいに押さえる伊達締めです。
紐の役割をきちんと押さえれば、ラクにきれいなシルエットが作れます。

【使うもの】 長襦袢／紐1本／伊達締め1本
【下準備】 長襦袢の背に紐（衿キープ）を縫い留めておく（P143）。

1 長襦袢を羽織って、衿先(a)を合わせる。

2 背中の紐を、左右それぞれ身八つ口（b）から前へ通す。

3 肌着の上で紐を軽く結ぶ。結び目をみぞおち辺り（c）に下げる。

4 右（下前）→ 左（上前）の順で、胸を包み込むように衿を合わせる。

5 伊達締めで衿を押さえる。
＊衿を右手で押さえつつ伊達締めを左手で取る。胸下に合わせ、後ろに回す。

6 背中で伊達締めを交差させて、前に引いて軽く締める。

CHAPTER 2

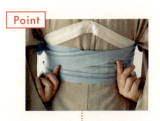

Point

   →

7
2回からげて、左右に振り分けて挟み込む。伊達締めの端の余りは内に入れ込む。
＊左右に交差させるとき力を緩めない。

8
背中のシワを両脇に寄せてきれいにする。
＊伊達締めの下側に人さし指（d）を入れて、左右にしごく。

[長襦袢の完成形]

◉ チェックポイント
☐ 衿もとがきれいに収まっている。
☐ 衣紋が自然に抜けている。
☐ 胸もと、背中にシワがない。

◉ 着くずれhelp
衿まわりの緩み → 長襦袢をお尻の辺りから下へ引っ張ると、衿が詰まる。

oteshio's stayle

ラクかっこいい着つけ

〈 着物を着る 〉

ゆっくりでいいので、一手一手を流さずに押さえましょう。とくに多い勘違いは、胸紐の使い方。胸にかける紐ですが「背中のシワをとるための紐」という役割を心に留めておいてください。

【使うもの】 着物／腰紐1本／胸紐1本／伊達締め1本

[丈を決める]

1 着物を後ろ手で持って、肩に掛ける。<u>掛け衿 (a) を合わせ</u>、背中心を決める。

2 衿先を持ち、左右に広げながら持ち上げる。裾を床すれすれに調整。

3 足袋の縫い目(b)とおくみ線(c)を合わせ、先に前幅を決める。＊このとき着丈がズレないように、着物をお尻から離さずに水平に動かす。

4 左手を一度開き、右手の身頃を合わせる。
＊右手を左脇へ持っていき、最後は裾先をぐいっと持ち上げる。
右手を離さないまま、左をかぶせるように合わせる。
＊左腕で布がズレないように押さえ、右手を抜いて腰紐を取って、左手に持たせる。

5 右手で押さえたまま、腰紐を体の前に当てる。＊紐は中心を取り、腰骨の少し上から下腹に沿って渡すように。

6 腰紐を後ろでクロスさせて、一度左右で締める。紐を前で結ぶ。
＊一方を輪にして結ぶ「肩輪結び」にし、紐の余りは巻いた腰紐に挟み込む。

7 身八つ口(d)から手を入れて形を整え、おはしょりを出す。
＊手を刀の形にする「手刀」(e)で整える。腰紐に着物が挟まっていたら引き抜く。

8
後ろも、背中から左右の脇へ布を整えて、おはしょりを出す。

9
衿下の余分なダブつきを、内側（f）に斜めに折り上げる。
衿を整えて合わせる。

10
胸下くらいに胸紐を当て、後ろで交差して、前でからげ留める（g）。
＊この紐はキツく縛らない！

11
背中心から人さし指を入れ（h）、左右にしごいてシワを取る。
＊胸紐は前を押えるためでなく、背中のシワをきれいにするためのもの。

12
両脇を下に引き、タテのシワも取る。

13
衿を押えながら下へ滑らせ、胸もとが動かないように伊達締めを当てる。後ろで交差して（i）、前でからげ留める。
＊交差は片方を斜めに折り上げ、凸凹がないようにする。

［着物の完成形］

● チェックポイント
□ 背縫いが背中の中心にきている。
□ 衿合わせがきれいに決まっている。
□ 裾すぼまりになっている。

● 着くずれhelp
おはしょりのダブつき、シワ→伊達締め下に人さし指を入れて左右にしごく。

oteshio's style　　　　　ラクかっこいい着つけ

◯03
〈 名古屋帯を結ぶ 〉

帯結びのポイントは「手つき」です。ビギナーは、帯を持つ手、結ぶ手など、一つ一つの手つきに注視して真似ると、きれいな結び方が早く身につきます。

【使うもの】名古屋帯／ベルト付き帯板／帯枕／帯揚げ／帯締め／仮紐1本／クリップ1個
【下準備】　1. ベルト付きの帯板はゴムを緩めておく（ゲンコツ1個分くらい）。
　　　　　　2. 帯枕に帯揚げをセットしておく。

［帯を巻く］

1 帯板をつける。帯のて先（a）を左肩に斜めに掛ける。
＊帯板の下側とて先が交わるところを目安にクリップで留める。

2 背にまわした帯に左手の人さし指を当て（b）、この指を軸に三角に折り上げ、ひと巻きする。

3 左手の人さし指はそのまま、右手で帯下からすくうように持ち（c）、右手を上下に振り、締める。
＊ただ巻くだけより、巻き終わりで上下にぐっぐっと振ることで帯が締まる。

4 同じ要領で、もうひと巻き（2巻き目）する。

5 帯前のてのクリップを外し、背に落とす。背中心の近くで、左手でて、右手でタレを握る。＊ぎゅっと握って、緩まないようにしっかり持つ。

6 てとタレをねじって、持ち替える。
＊持ち替えて、左手にタレ、右手にて。

CHAPTER 2

7 タレは後ろにそのまま、て先は前にまわし、帯下をクリップで留める。後ろのタレをしっかり広げる。

8 お太鼓の山の位置に、帯裏から仮紐を当てる。帯の両側と紐を一緒に持ち(d)、背に持ち上げて帯前で仮紐を結ぶ。

9 帯揚げをかけた帯枕を、帯のねじれ目の上にのせる。
＊帯枕の山側を上にした右手の持ち方(e)も大事。

10 帯枕の紐を結ぶ(あまりキツく締めない)。紐の結び目を、伊達締めの下へぎゅっと押し込む。
＊結び目を奥深くに押し込むことで、帯枕が背にぴたっとくっつく。

oteshio's style

[帯揚げを結ぶ]

11
帯揚げは内側にきれいに折り畳み、左右ともに整える。
＊二ツ折りにした帯揚げを山折に三ツ折りにして、わを上に。左側を上にして交差し、軽くひと結びする。

12
結び目をつぶさないように帯の中へ入れる。余りの布も全部帯の中へ入れ、形を整える。帯揚げの出来上がり。

[お太鼓を作る]

13
お太鼓の山の仮紐を外し、その紐をタレ線を作る仮紐に使う。お太鼓の下線にめどをつけ、そこに仮紐を帯裏から当てて折り上げる（f）。
＊指づかいがコツ。親指→タレの内側、他4本の指→外に。人さし指を伸ばし、他3本の指で紐を握る。

14
左手を紐に沿ってずらし、帯の真ん中を持つ。右手でタレの余分を帯の中へ持ち上げる。
＊右手を水平にして、上へ真っ直ぐ上げる。

15
タレの長さを決める（人さし指1本分が目安）。仮紐を前で結ぶ。

CHAPTER 2

[帯締めを結ぶ]

16
て先はクリップを外してお太鼓の内側へ、左手で取って引き入れる。
＊ては仮紐と同じ位置に通す。

17
左側のて先はお太鼓から2〜3cmくらい出す。右側の余った分は、内側に折り込む（g）。

18
右手で帯締めの真ん中を持つ。お太鼓の中を通して左手に渡す。

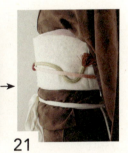

19
前にもってきた帯締めは、左右の長さを合わせる。

20
左を上に交差して重ね、一度力を込めてしっかり締める。左に輪を作り、右の紐を上から下に通して引き抜く。

21
紐端は脇で帯締めに挟み、房は上に向ける。仮紐を外して、出来上がり！

[名古屋帯の完成形]

● チェックポイント
□ お太鼓の帯上が真っ直ぐになっている。
□ お太鼓とタレの長さのバランス。タレは人さし指1本分を目安に。
□ 帯枕が背中にぴったりくっついて、帯が浮いていない。

● 着くずれhelp！
帯前にシワがよっているとき→人さし指を入れて、帯締めに沿って左右にしごく。正面のシワが取れれば、あとは問題なし。

oteshio's style　　　　ラクかっこいい着つけ

袋帯を結ぶ

お太鼓の形にセットした袋帯を、巻いて背負うだけ、5分で完成！
2個のクリップを使って「付け帯」の形にするこの方法は、
大幅時短できる上にかっこよく結べるスペシャルな結び方です。

【使うもの】袋帯／帯揚げ／帯枕／クリップ3個／仮紐1本
【下準備】1.帯枕は帯揚げでくるんでおく。
　　　　　2.お太鼓を「付け帯」の形にセットしておく。

Point

[付け帯の形づくり]

1
帯のタレを三角に折ったところに帯枕を置く。

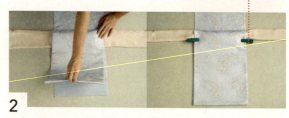

2
1の上に帯の布をかぶせる。お太鼓の形がきまったら、クリップで留める。
＊帯枕のすぐ下を留める。帯枕の紐を挟んで上2枚、下2枚を合わせてクリップ、一番下は留めない。

[袋帯を巻く]

1
左肩にて（a、わを内側）をのせて、ひと巻きする。
＊帯を巻きやすく、ては半分の幅にしてお太鼓の上に畳んでおく。
＊名古屋帯の締め方1〜2と同じ要領（P148）。

2
背中心でて先とタレを、結び目近くで交差させる。
右手と左手を持ち替え、ぎゅっとねじる。

3
て先を帯前に持ってきて、クリップで留めておく。

[お太鼓を作る]

4
帯揚げを両手に持ち、お太鼓を背に背負う。
＊ねじり目の上にのせる。

5
帯枕の紐を前で結んで、帯揚げを結ぶ。

6
お太鼓のクリップを外す。帯山をきれいに整えておく。

7
タレを決め、仮紐で留める。

8
て先をお太鼓に通す。帯締めをお太鼓に通し、前で締める。仮紐をはずす。

[袋帯の完成形]

※「チェックポイント」、「着くずれhelp！」は名古屋帯と同様（P151）。

oteshio's style　　　ラクかっこいい着つけ

05 銀座結び

お太鼓に帯枕を使わない帯結び。帯の柄は、ポイント柄より全通柄（P60）が向いています。重心が低く、スタイリッシュな感じで、それこそ銀座などおしゃれな街のお出かけに似合います。

【使うもの】　名古屋帯／帯板／帯揚げ／帯締め／仮紐1本
【下準備】　帯揚げは四ツ折りに畳んでおく。

[袋帯を巻く]

1 名古屋帯より少し長めにて先を取っておく。2巻きする。

＊1・2のポイントは[名古屋帯を結ぶ]手順1〜6（P148）と同じ要領。

2 背中心にて先とタレを、結び目近くで交差させる。右手と左手を持ち替え、ぎゅっとねじる。

3 タレは下ろして左右に広げる。ねじり目の上に、て先を折り重ねる。
＊ては右手の甲で押さえる。

4 3のて先の真ん中に仮紐をかけ、前で結ぶ。

5 お太鼓の山の位置に、帯裏から帯揚げを当てる。帯揚げを指で入れ込み（a）、背に持ち上げる。

Point

CHAPTER 2

6 帯揚げをしっかり引いて、前で結ぶ。仮紐を外す。

7 帯締めの位置を指ものさしで測る。親指と人さし指で帯下から人さし指2本分（b）を目安に、帯締めを帯裏から当てる。

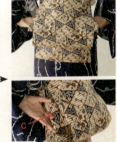

8 帯締めと帯端を一緒に持ち、お太鼓のての下へ上げる。

9 タレの長さを調整して確定したら、帯締めを前で結ぶ。

10 お太鼓の中の羽根（c）を整える。
＊ふっくらとさせたい場合は、羽根を水平におこす。

[銀座結びの完成形]

● チェックポイント
□ 羽根とタレのバランス。
□ お太鼓の大きさは、最初のての分量で決まるので、好みの長さに調整して。
□ お太鼓が大きくなりすぎないように、てをたくさん取ると、小ぶりのお太鼓になる。

＊「着くずれhelp！」は名古屋帯と同様（P151）。

oteshio's style

ラクかっこいい着つけ

半幅帯結び

半幅帯は、スカーフみたいにアレンジ自在の帯です。
定番のアレンジで、簡単でおしゃれ感がある結び方をご紹介。
ビギナーでもすぐに覚えられるので、慣れてきたら自分好みにどんどん応用してみてください。

【使うもの】 半幅帯／帯板（なくてもOK）
【下準備】 ベルトつき帯板を使う場合は、ゴムは緩めで、前で留め、後ろに帯板がくるように着ける。

［カルタ結びアレンジ］

シンプルな形で、大人っぽい着こなしに似合うカルタ結び。
簡単でゆるまない結び方ですが、基本の手順をさらに省略した時短結びです。

1 て先は帯裏を表に、膝上くらいの長さを目安に垂らす。三角に折り（a）腰に巻く。

2 て先と交差する部分を押さえた右手の人さし指（b）は外さない。帯下を持って、2巻きして締める。

3 羽根（c）を形づくる。二ツ折りや屏風畳みにして、好みの幅に折る。

4 て先を持ち上げて、帯の上から中へ差し入れる。真っ直ぐ下ろし、タレを出す。
＊タレの長さは好みだが、親指の長さが目安。

5 右まわりで、帯を後ろにまわす。
＊息を吸ってお腹をひっこめるとまわしやすい。

［カルタ結び完成形］

タレがあることでお尻への視線が外せる。長さは体形とのバランスで好みに整える。

CHAPTER 2

[文庫結びアレンジ]

基本の文庫結びを、大人かわいくアレンジした結び方です。

1 肩幅を目安（a）にての長さを決め、左肩にのせる。

2 タレを2巻して、三角（b）に折り上げて持つ。左右に持ち分け、長いタレを上、短いてを下にして、しっかり結ぶ。
＊結ぶときは、斜めの方向に引っ張ってぎゅっと引っ張る。

3 短いて側で羽根を作る。中心にひだを作って左手で握り、リボン状にする。羽根の上に、長いタレをかけて、くるむように羽根の下を通す。右斜め上に引き抜きながら、羽根の結び目を作ったら、タレ先（c）を少し残しておく。

4 わの部分（d）を帯中を通して帯下へ出す。羽根の形を整える。右まわりで帯を後ろにまわす。

[文庫結びアレンジ完成形]

結ぶ帯の長さを考慮して、羽根の部分にボリュームを出したいときは最初のてを長く取るなど、好きな形を見つける。

[帯留めアレンジ]

文庫結びアレンジに手順を追加して、帯留めや帯揚げをつけると銀座結び風に。衿つきの浴衣や木綿着物に合わせると、きちんと感が出せる。

＊[文庫結びアレンジ]の1〜3までと同じ要領。

わの部分（e）に三分紐を入れる。タレをずらしたり、帯揚げを入れても。

お出かけシーン別 索引

oteshio好みでシーン分けしたもので、
地域などの環境、好みで選び方は変わってきます。
ご参考にしてください。

● 結婚披露宴（一流ホテル、高級レストランなど）
　P23…02-2、P30…02-8・02-9

● カジュアルウェディング、披露宴の二次会
　（「平服」の記述がある場合）
　P22…02-1、P25…02-5、P26…02-6、
　P29…02-7、P30…02-9、P32…02-11、
　P33…02-12、P49…03-11、P57…04-2

● 七五三、子どもの入学式・卒業式、
　家族の式典
　P22…02-1、P23…02-2、
　P30…02-8・02-9、P32…02-11
　[羽織り]
　P64…05-1、P65…05-3

● お茶会（初釜など）
　P22…02-1、P23…02-2、P30…02-8・02-9、
　P32…02-11

● ちょっと高級感のある食事会
　P22…02-1、P25…02-5、P26…02-6、
　P29…02-7、P30…02-8・02-9、P32…02-11、
　P33…02-12・02-13、P48…03-9、
　P49…03-11、P57…04-2、P64…05-1、
　P65…05-3、P66…05-4、P67…05-5
　[夏もの]
　P55…04-1、P80…06-6、P81…06-7、
　P83…06-10・06-11

● 彼の両親へご挨拶
　P24…02-3、P29…02-7、P31…02-10、
　P32…02-11、P37…02-19
　[夏もの]
　P55…04-1、P81…06-7

● 個性のあるおしゃれをしたい女子会、
　同窓会など
　P22…02-1、P25…02-5、P26…02-6、
　P29…02-7、P32…02-11、P33…02-12、
　P42…03-1、P43…03-3、
　P48…03-9・03-10、P49…03-11、
　P57…04-2、P89…07-1、P90…07-3
　[夏もの]
　P80…06-6、P81…06-7

● 歌舞伎、クラシック音楽鑑賞
　（上品、格式ある劇場）
　P22…02-1、P24…02-3、P25…02-5、
　P26…02-6、P29…02-7、
　P30…02-8・02-9、P32…02-11、
　P33…02-12・02-13、P48…03-9、
　P49…03-11、P57…04-2
　[羽織り]
　P64…05-1、P65…05-3、P66…05-4、
　P67…05-5
　[夏もの]
　P55…04-1、P80…06-6、P81…06-7、
　P83…06-10・06-11

● 落語、相撲観戦（カジュアルな和空間）
P34…02-14、P35…02-15、
P36…2-16・2-17、P37…02-18、
P43…03-3、P44…03-4、
P46…03-6・03-7、P47…03-8、
P48…03-10、P49…04-5、P77…06-2、
P92…07-5・07-6、P93…07-7・07-8
[羽織り]
P64…05-2、P66…05-4、P67…05-5
[夏もの]
P42…03-2、P55…04-1、
P58…04-3・04-4、
P79…06-4・06-5、P82…06-8・06-9

● 美術鑑賞（シンプルなアート空間）
P24…02-4、P31…02-10、P33…02-13、
P48…03-10、P88…07-1、P91…07-4、
P92…07-6、P93…07-8
[羽織り]
P64…05-2、P66…05-4、P67…05-5
[夏もの]
P55…04-1、P82…06-8、
P83…06-10・06-11

● カジュアルな街着
P34…02-14、P35…02-15、
P36…02-16、P37…02-18、P42…03-1、
P43…03-3、P44…03-4、
P46…03-6・03-7、P47…03-8、
P88…07-1、P89…07-2、P90…07-3、
P91…07-4、P92…07-5・07-6、
P93…07-7・07-8
[羽織り]
P64…05-2、P66…05-4、P67…05-5
[夏もの]
P42…03-2、P55…04-1、
P58…04-3・04-4、P59…04-5、
P76…06-1、P77…06-2、P78…06-3、
P79…06-4・06-5、P82…06-8・06-9

● 海外旅行
P55…04-1、P57…04-2

● 花火大会、納涼会
P58…04-3・04-4、P59…04-5、
P76…06-1、P77…06-2、P78…06-3、
P79…06-5

● 防寒
P68…05-6・05-7、P69…05-8・05-9、
P70…05-10、P71…05-11

上野淳美 Atsumi Ueno		北海道江別市出身。大手ファッションメーカー勤務を経て、2003年より札幌市にてギャラリー「oteshio」を主宰し、着物コーディネーター、パーソナルスタイリストとして活動。着物を主にした布をはじめ、現代クラフトの器やアクセサリー、日本、ヨーロッパ、アジアから集めたアンティークなど、古今東西の手仕事のモノを扱う。その豊かなセレクト眼により、小説『バルサの食卓』（新潮文庫）の器スタイリングなども担当し、小説家・小川糸氏がアンティーク着物屋の女主人を描いた作品『喋々喃々』（ポプラ文庫）でも取材協力と、多方面で活躍している。2014年に刊行した初著書『日本のおしゃれ 七十二候』（小社刊）で全国にファンが広がり、近年は定期的に東京・銀座にて「あいおもい・東京展」を開催。http://www.oteshio.com
Special Thanks		ADORN　石田珈琲店　イデ妙子　イデ・リチャード　（株）岩崎 エーデルワイス　（株）江紋屋　樋口有紀　大宮雅美　（株）大染　カフェ・ド・サンレモ 菊地牧子　小林克彦　櫻井優子　柴田直美　瀬塚商店　高澤亜紀　高澤凛 ティモール テキスタイル　DESIRE CONCEPT　成澤由香 バンドカフェ　平山耀子　びんがた工房くんや　社団法人ノードファンデーション 星野英里子　細谷喜子　MANUFACTURE & WORK　丸正織物工房 三上香織　安田裕子　山崎航　横山和嘉子　（敬称略）
Staff	デザイン 写真 企画・編集 校正 編集・進行	drop around 大沼ショージ おおいしれいこ 小松美惠（株式会社ヴェリタ） 佐藤葉子（WAVE出版）

大人きもの おしゃれ事典
2017年2月25日　第1版第1刷発行

著者　上野淳美

発行者　玉越直人
発行所　WAVE出版
〒102-0074　東京都千代田区九段南4-7-15
TEL：03-3261-3713
FAX：03-3261-3823
振替：00100-7-366376
E-mail：info@wave-publishers.co.jp
http://www.wave-publishers.co.jp
印刷・製本　東京印書館

©Atsumi Ueno, 2017 Printed in Japan
落丁・乱丁本は送料小社負担にてお取り替え致します。
本書の無断複写・複製・転載を禁じます。
ISBN978-4-86621-046-9
NDC593 159p 22cm